Otto Broili, Henry Wadsworth Longfellow

Die Hauptquellen von Longfellows Song of Hiawatha

Otto Broili, Henry Wadsworth Longfellow

Die Hauptquellen von Longfellows Song of Hiawatha

ISBN/EAN: 9783743631366

Hergestellt in Europa, USA, Kanada, Australien, Japan

Cover: Foto ©ninafisch / pixelio.de

Weitere Bücher finden Sie auf **www.hansebooks.com**

Die Hauptquellen

von

Longfellows Song of Hiawatha.

INAUGURALDISSERTATION.

Verfasst und der

Hohen Philosophischen Fakultät

der

Kgl. Bayerischen Julius-Maximilians-Universität zu Würzburg

zur

Erlangung der Doktorwürde

vorgelegt von

Otto Broili

Würzburg.
Druck der Fränkischen Gesellschaftsdruckerei G. m. b. H.
1898.

Gewidmet

Herrn Dr. E. Sieper

in

München.

Lebenslauf:

Ich, Otto Broili, Sohn des Landwirts Otto Broili und seiner Ehefrau Elisabeth, geb. Rossbach, bin geboren am 26. Mai 1875 zu Gessenberg (O.-B.). Meine Confession ist die katholische. Ich besuchte die Volksschule zu Veitshöchheim, das humanistische Gymnasium zu Würzburg, war an der Königlichen Universität daselbst vom 2. November 1893 bis zum 25. April 1898 immatrikuliert und legte in München die Prüfungen für den Unterricht in den neueren Sprachen ab. Während meiner Studienzeit besuchte ich die Vorlesungen und Uebungen der Herren:

Prof. Dr. Brenner, Prof Dr. Erhardt, Prof. Dr. Grasberger, Prof. Dr. Henner, Prof. Dr. Külpe, Dr. Pirson, Dr. Sieper, Prof. Dr. Stahl, Prof. Dr. Stölzle, Prof. Dr. Stürzinger, Prof. Dr. Wegele, Dr. Zenker,

denen ich allen meinen besten Dank ausspreche, insbesondere aber danke ich Herrn Dr. Sieper für die gütige Stellung meines Dissertationsthemas, sowie Herrn Prof. Dr. Förster für die Durchsicht und Correctur desselben.

Litteratur.

H. R. Schoolcraft, *Travels in the Central Portions of the Mississippi Valley*, New-York 1826.
" *Narrative of an Expedition to Itaska Lake*, New-York 1834.
" *Algic Researches or Indian Tales and Legends* I., II., New-York 1839.
" *Cyclopedia Indianensis*, New-York 1842.
" *Oneóta or Characteristics of the Red Race of America*, New-York & London 1845.
" *Notes on the Iroquois*, Alaany 1847.
" *Personal Memoirs of a Residence of 30 Years with the Indian Tribes*, Philadelphia 1851.
" *History, Condition and Prospects of the Indian Tribes of the U. S.*,
    I. [quarto] Philadelphia 1851.
    II. „ „ 1852.
    III. „ „ 1853.
" *The Myth of Hiawatha and Other Oral Legends, Mythologic and Allegoric*, Philadelphia & London 1856.

Relations Des Jésuites 1634.
The Jesuit Relations and Allied Documents; Travels and Explorations of the Jesuit Missionaries in New-France 1610—1791. VI. Ed. Reuben Gold. Thwaites 1897.

Père Marquette, *Récit Des Voyages Et Des Découvertes Du R. Père J. Marquette, en l'année 1673 et aux suivantes*, Albanie, N.-Y, 1855.
Colden, *History of the Five Nations*, London 1747.
Paul Egede, *Nachrichten von Grönland*, Kopenhagen 1790.
John Tanner, *A. Narrative of the Captivity and Adventures of ...*, New-York 1..).
George Catlin. *Letters and Notes on the Manners, Customs, and Conditions of the North American Indians* I., II., London 1841.
Mrs. M. Eastman, *Dacotah, or Life and Legends of the Sioux*, New-York 1849.
G. Copway, *The Traditional History of the Ojibway Nation*, London 1850.
Anton Schiefner, *Kalewala, das Nationalepos der Finnen, nach der zweiten Ausgabe ins Deutsche übertragen*, Helsingfors 1852.

J. G. Müller: *Geschichte der amerikanischen Urreligionen*, Basel 1855.
Th. Waitz: *Anthropologie der Naturvölker* III., Leipzig 1862.
D. G. Brinton, *The Myths of the New World*, New-York 1868.
„ *American Hero-Myths*, Philadelphia 1882.
Duyckinck: *Cyclopaedia of American Literature* II.
The *Athenaeum*: Nr. 1463, Nov. 10, '55.
      Nr. 1464, Nov. 17, '55.
      Nr. 1465, Nov. 24, '55.
      Nr. 1466, Dec. 1, '55.
      Nr. 1468, Dec. 15, '55.
      Nr 1470, Dec. 29, '55.
Dürr's *Collection of Standard American Authors: The Song of Hiawatha*.
                  Leipzig 1856.
F. Freiligrath, *Der Sang von Hiawatha*, Stuttgart und Augsburg 1857.
K. Knortz, *Der Sang von Hiawatha*, Jena 1872.
 „   *Longfellow, Litterar-historische Studie*, Hamburg 1879.
Stoanke Kennedy, *H. W. Longfellow*, Boston & Cambridge 1882.
Samuel Longfellow, *Life of H. W. Longfellow* II., III., London 1886.
G. Lowell Austin, *H. W. Longfellow*, Boston 1888.
F. Reuleaux, *Das Lied von Hiawatha*, Stuttgart 1894.
Gall & Inglis, *The Poetical Works of H. W. Longfellow*,
                  Edinburgh & London

Inhaltsangabe.

Einleitung.

I. Mythen.

A. Legendäre Mythen.
1. Hiawatha.
   Hiawathas Grossmutter und Mutter. — Hiawathas Jugendzeit. — Hiawatha und Mudjekeewis. — Hiawathas Fasten. — Hiawathas Freunde. — Hiawathas Bootfahrt. — Hiawathas Fischfang. — Hiawatha und Megissogwon. — Hiawathas Werbung. — Hiawathas Hochzeitsfest. — Bilderschreibekunst. — Hiawathas Klage. — Die Hungersnot. — Hiawathas Abschied.
2. Chibiabos.
3. Kwasind.
4. Pau-Pauk-Keewis.
5. Jagoo.
6. Mudjekeewis und Mishe-Mokwa.
7. Der Rote Schwan.
8. Der Sohn des Abendsterns.

B. Allegorische Mythen.
1. Shingebis.
2. Shawondasee.
3. Wabun.
4. Peboan und Segwun.
5. Mondamin.
6. Weeng.
7. Pauguk.

C. Religiöse Mythen.
1. Die Friedenspfeife.
2. Die Geister.
3. Die Insel der Glückseligen.

D. Astronomische Mythen.
1. Ojeeg Annung.
2. Totentanz der Geister.
3. Strasse der abgeschiedenen Seelen.
4. Die Frau im Monde.
5. Der Regenbogen.
6. Der Komet.
7. Keewaydin.
8. Wabasso.

II. Religion und Aberglaube.
1. Epitheta der Gottheit.
2. Manitoes.
3. Unktahe.
4. Die Götter der Dacotahs.
5. Elfen.
6. Seele, Leben im Jenseits.
7. Fasten.

VIII

8. Meda.
9. Joassakeed.
10. Wabeno.
11. Medizintanz.
12. Zauberkreis.
13. Amulette.

III. Geographische Elemente im Hiawatha.
A. Topographische Geographie.
1. Seen.
   Gitche Gumee. — „Great Lakes of the Northland."
2. Flüsse und Wasserfälle.
3. Thäler.
   Tawasentha. — Wyoming. — Tusculoosa.
4. Gebirge.
   Côteau des Prairies. — Pictured Rocks. — Thunder Mountains. — Nagow Wudjoo.

B. Physikalische Geographie.

C. Fernere, hauptsächlich geographische Elemente.

D. Ethnographische Elemente.
1. Einrichtungen, Sitten, Gebräuche und gesellschaftliche Sonderstellung bei den Indianern.
   Totem. — Knabenfest. — Das Festmahl bei Hiawathas Hochzeit. — Rotsteinpfeife, Friedenspfeife. — Hungersnot. — Stutzer. — Spieler.
2. Indianische Wohnung.
   Wigwam.
3. Hausgeräte und Hausarbeiten.
   Wiege. — Gerben der Wildfelle. — Stossen der Maiskörner.
4. Indianische Kleidung, Kriegs- und Jagdgeräte.
   Kleidung. — Pfeilspitzen. — Fesselschnur. — Schneeschuhe. — Rindencanoe.
5. Indianische Landwirtschaft.
   Getreidebau. — Kampf gegen die die Saat gefährdende Vogelwelt. — Wilder Reis. — Zuckerbereitung.
6. Künste.
   Musik. — Musikinstrumente. — Gesänge. — Wiegenlied. — Glühwürmchenlied. — Liebeslieder. — Erntelied. — Kriegsgesang. — Sterbegesang.
7. Indian'sche Wissenschaft.
   Bilderschrift. — Astronomie. — Monatsnamen.
8. Spiele und Vergnügungen.
   Tanz. — Bettlertanz. — Schneeschuhtanz. — Ballspiel. — Glücksspiele. — Pugasaing. — Kuntahsoo.
9. Elemente aus der Botanik und Zoologie.

IV. Geschichtliches im Hiawatha.
Donnerboot. — Hiawathas Vision. — Begrüssung des Schwarzrockhäuptlings.

V. Die Indianischen Namen und Wörter.
Eigennamen. — Namen der Tiere, Vögel, Fische, Insekten u. s. w., die ursprünglich in den bezüglichen Mythen nicht enthalten sind. — Quellen der anderen indianischen Wörter, die in den bezüglichen Mythen und Berichten nicht enthalten sind.

Einleitung.

Im Oktober 1855 veröffentlichte H. W. Longfellow die bedeutendste unter all' seinen Dichtungen, sein unsterbliches Indianerepos, den „Song of Hiawatha". Aber geradezu kläglich war die Aufnahme, die dieses Meisterwerk anfangs beim grossen Publikum fand. Keine Anerkennung ward dem Dichter zu Teil für die mit so grossem Aufwand an künstlerischem Feingefühl und gelehrtem Verständnis ausgeführte Bearbeitung eines „fast unbrauchbaren"[1]) Stoffes. Simpler Spott und seichter Hohn ergossen sich reichlich über das Haupt des grossen Amerikaners, und das nicht zum mindesten wegen des „neuen" Versmasses, das man sich nicht entblödete, auf gleichen Fuss mit den „negro melodies" zu stellen.[2]) Doch schon nach wenigen Tagen trat ein völliger Umschwung in der öffentlichen Meinung ein. Das Gelächter verstummte, die Parodien verschwanden, eine neue Auflage des „Hiawatha" erschien nach der anderen,[3]) die lesende Welt schwelgte förmlich im Genusse der zarten und feinen Schönheiten des neu gewonnenen Lieblings,[4]) Zeitschriften und litterarische Autoritäten bemühten sich um die Wette, „Hiawathas" Vorzüge in's rechte Licht zu setzen.[5])

Anders jedoch schien die wissenschaftliche Kritik von dem inneren Werte „Hiawathas" zu denken. Longfellow hatte in

---

[1]) S. Longfellow, *H. W. Longfellow* II., p. 264, Brief Bayard Tailors; Duyckinck, *Cyclopaedia of American Literature* II., Longfellow.
[2]) Gall & Inglis, *The Poetical Works of H. W. Longfellow*, Vorwort p. XII, XIII; siehe auch Sl. Kennedy, *H. W. Longfellow*. p. 88, Kritik des „Auslands".
[3]) Es ist eine bekannte Thatsache, dass „Hiawatha" in einem Jahre 30 Auflagen erlebte.
[4]) Cfr. Duyckinck, *Cyclopaedia of American Literature* II., Longfellow.
[5]) *London Athenaeum*, Nr. 1463, Nov. 10, '55; Sl. Kennedy, *H. W. Longfellow*. p. 88 und G. L. Austin: *H. W. Longfellow*, p. 325 enthalten Auszüge aus der *Revue des Deux Mondes* und dem *Oxford and Cambridge Magazine*; S. Longfellow, *H. W. Longfellow*.
Brief von Bayard Tailor II. p. 264,
„ „ R. W. Emerson „ p. 266,
„ „ Bancroft „ p. 267,
„ „ Th. W. Parsons „ p. 267,
„ „ H. R. Schoolcraft III. p. 45. u. s. w.

einer Anmerkung zu diesem Epos ausdrücklich die Werke des amerikanischen Gelehrten und Forschers H. R. Schoolcraft als seine Quellen angegeben. Nichtsdestoweniger brachte eine Nummer des zu Washington erscheinenden „National Intelligencer" einen Artikel, in welchem der Vorwurf des Plagiats gegen ihn erhoben wurde. Es hiess darin, er habe „the entire form, spirit and many of the most striking incidents" aus der „Kalewala", dem grossen Epos der Finnen entlehnt, ohne dieselbe als seine Quelle anzuerkennen.[1])

Dieser Artikel erzeugte alsogleich eine heftige Kontroverse unter den Kritikern, die sich vor allem der Form des Gedichtes bemächtigte. Reimloser, trochäischer Dimeter als Versmass eines Epos war etwas so ganz ungewöhnliches, dass man anfänglich durchaus der Meinung war, dasselbe sei von Longfellow selbst erfunden.[2]) Dies war jedoch ein Irrtum, den W. Howitt berichtigte, indem er auf das in der Kalewala und anderen dichterischen Schöpfungen Finnlands angewendete, alte Nationalmetrum der Finnen als Longfellows Vorbild hinwies. Er hob hervor, in welch' bewundernswerter Weise Longfellow sich dessen Rhythmus und Geist ganz zu eigen gemacht, und suchte, seine Behauptung damit zu beweisen, dass er die in der finnischen Poesie „in Fülle wiederkehrende" Wiederholung von Epitheten, Sätzen und Versen auch bei Longfellow feststellte.[3]) Hiebei hat Howitt nur den einen Punkt übersehen, dass diese Wiederholungen einen gesetzmässigen und wesentlichen Zug der finnischen Poesie bilden und somit nichts anderes als Parallelismus sind.

Im weiteren Verlauf der Kontroverse glaubte M. Carthy, in dem Versmass Hiawathas eine Nachbildung der trochäischen Dialogassonanzen der Spanier zu entdecken.[4]) Weiter noch wie Carthy ging der Verfasser eines mit W. S. gezeichneten Artikels, worin Howitts Annahme entschieden zurückgewiesen wurde mit der Begründung, dass Longfellows nichtallitterierende Trochäen sicherlich keine Nachahmung der durchwegs allitterierenden Verse der Kalewala sein könnten. Die Möglichkeit jedoch, dass Longfellow bei der Wahl seines Versmasses durch die schwedische Uebersetzung der Kalewala von M. A. Castrén oder die deutsche von A. Schiefner beeinflusst worden sein könnte, wird nicht rundweg bestritten, zu gleicher Zeit aber ausdrücklich bemerkt, dass reimloser, trochäischer Dimeter in ganz Europa, im Altrussischen, Böhmischen, Serbischen und

---

[1]) G. L. Austin, H. W. *Longfellow*, p. 324, oder St. Kennedy, *H. W. Longfellow*, p. 88, oder S. Longfellow, *H. W. Longfellow* II., p. 268.
[2]) *London Athenaeum*, Nr. 1463, Nov. 10, '55; F. Freiligrath, *Der Sang von Hiawatha*, Vorwort p X. Duycknick, *Cyclopaedia of American Literature*, Longfellow.
[3]) *London Athenaeum*, Nr. 1464, Nov. 17, '55.
[4]) Ibidem, Nr. 1465, Nov. 24, '55.

Spanischen gebräuchlich sei.¹) In einem folgenden Artikel möchte sich W. Brockie gern zu Gunsten des finnischen Metrums entscheiden, fühlt sich seiner Sache aber nicht ganz sicher,²) da tritt F. Freiligrath auf den Kampfplatz und entscheidet den Streit durch die Klarheit und Schärfe seiner Darlegung. M. Carthys Aufstellung ist hinfällig, da das unterscheidende Merkmal der spanischen Trochäen, die Assonanz, im Hiawatha gänzlich fehlt. Wenn nun Longfellow von den zwei wesentlichen Attributen der finnländischen Dichtung, Parallelismus in Verbindung mit einer zweifachen Art von Alliteration nur den ersteren konsequent durchführt, so bedient er sich dennoch auch der Alliteration gelegentlich mit Vorliebe. Es ist also klar, dass Hiawatha, wenn auch nicht in dem alten Nationalmetrum der Finnen, so doch zweifellos in einem modifizierten, finnischen Metrum geschrieben ist,³) das der Eigenart des behandelten Stoffes voll und ganz entspricht.⁴) In der Vorrede zu seiner Hiawathaübersetzung [p. XI] trägt Freiligrath dem soeben Gesagten noch nach, dass der Parallelismus sich merkwürdigerweise auch in den indianischen Idiomen angedeutet findet, worauf ihn Longfellow mit Bezugnahme auf die Kontroverse eigens aufmerksam gemacht hatte.⁵)

Ausser diesen ausschlaggebenden inneren Gründen führt Freiligrath zum Schlusse noch einen äusseren an, indem er erzählt, dass er im Sommer 1842 während Longfellows Aufenthalt am Rheine mit demselben Dr. v. Schröters Finnische Runen gelesen habe.⁶)

Wie richtig die Entscheidung unseres grossen Landsmannes gewesen ist, mag Longfellows Tagebuch darthun, in welches letzterer am 5. Juni 1854 folgende Notiz eintrug: „I am reading with great delight the Finnish Epic, Calevala. It is charming,"⁶) und bald darauf am 22. des nämlichen Monats gibt er seiner Freude darüber Ausdruck, dass er endlich den „allein richtigen" Plan für ein Gedicht über die amerikanischen Indianer⁷) — derselbe soll darin bestehen, die schönen, aber zusammenhanglosen Legenden derselben in ein Ganzes zu verweben, also genau dem Verfahren Lönnrots, des gelehrten Verfassers der Kalewala ent-

---

¹) *London Athenaeum*, Nr. 1466, Dec. 1, '55.

²) Ibidem, Nr. 1468, Dec. 15, '55.

³ *London Athenaeum*, Nr. 1470, Dec. 29, '55; cfr. auch den Brief Freiligraths an Longfellow vom 7. Dec. 1855 in S. Longfellow, *H. W. Longfellow* II., p. 269.

⁴) *London Athenaeum*, Nr. 1463, Nov. 10, '55 und Nr. 1464, Nov. 17 '55; *Blackwood's Magazine*, Febr. 1856 p. 135; F. Freiligrath. *Der Sang von Hiawatha*, Vorwort p. X; u. s. w.

⁵) S. Longfellow, *H. W. Longfellow* II., p. 272.

⁶) Ibidem, p. 247.

⁷) Ibidem, p. 247, 248.

sprechen¹) — und das „allein richtige" Versmass für ein derartiges Thema entdeckt habe.²)

Die Anklage des Plagiats erstreckte sich aber nicht nur auf die Form, sondern auch auf den Inhalt Hiawathas. „Many of the most striking incidents." hiess es in dem oben genannten Artikel des Washington Intelligencer, habe der Dichter der Kalewala entnommen. Diese Anschuldigung konnte blos von einem Manne ausgehen, der Longfellows Quellenangaben nicht im geringsten berücksichtigt hatte; kein Wunder darum, wenn sie den Zorn des sanftmütigen Dichters im höchsten Grade hervorrief: „This is truly one of the greatest literary outrages I ever heard of," schreibt er voll Entrüstung an Ch. Summer,³) findet das Motiv für diese unerhörte Beleidigung lediglich in der Sucht des Artikelschreibers, seine Gelehrsamkeit nach aussen glänzen zu lassen, und wirft demselben vor, öffentlich Behauptungen aufzustellen, die er nicht beweisen kann.³) Er betont, dass der Hauptwert der im Song of Hiawatha vorgetragenen Legenden darin bestehe, dass sie indianischen, und nicht finnischen Ursprungs seien.⁴) Wenn er sodann die zwischen einigen indianischen und finnischen Mythen herrschende Aehnlichkeit zugibt,⁴) muss man absolut nicht schliessen, dass er gerade die indianischen und keine anderen in kritikloser Anlehnung an finnische Musterbilder aus dem reichen Schatze der indianischen Mythologie ausgewählt habe, das hiesse des Dichters Genie gewaltsam verkleinern.

Aus natürlicher Abneigung gegen Streit, vielleicht auch aus berechtigtem Stolze hat Longfellow es verschmäht, auch nur ein einziges Wort zu seiner Verteidigung zu veröffentlichen. Dafür aber ist sein Hauptgewährsmann H. R. Schoolcraft durch die Ausgabe einer neu zusammengestellten Sammlung indianischer, im Hiawatha grossentheils enthaltener Mythen — The Myth of Hiawatha, and other Oral Legends, Mythologic and Allegoric, of the North American Indians — vor das Publikum getreten, um, wie Austin wohl richtig bemerkt,⁵) den Streit der Kritiker für immer zu beenden.')

Es gereicht uns zu nicht geringer Freude, den feinen, kritischen Takt Freiligraths auch bei der Beurteilung dieser Frage rühmend hervorheben zu können. Der deutsche Dichter hat das

---

¹) Während jedoch die Kalewala nichts anderes als eine Aufeinanderfolge von Einzelgesängen ist, welche durch den Ordner zu grösseren oder kleineren Gruppen verbunden worden sind, ist Hiawatha ein einheitliches Epos geworden.
²) S. Longfellow. H. W. *Longfellow* II., p. 247, 248.
³) Ibidem. p. 268.
⁴) Ibidem, p. 268.
⁵) Knortz meint, Schoolcraft habe diesen Schritt blos aus Selbstsucht gethan, um der Welt zu zeigen, in welchem Masse Longfellow ihm verpflichtet sei. Knortz. *Longfellow, Litterarische Studie*, p 79.
⁶) G. L. Austin. *H. W. Longfellow*. p. 324.

Richtige getroffen, wenn er sich über die Echtheit der Legenden im Hiawatha folgendermassen äussert:

„Ob sich der Dichter ausser in der Form, nicht auch zuweilen in der Sache durch sein Vorbild hat anregen lassen, möchte schwer zu entscheiden sein. Im ganzen, darf man wohl annehmen, hat er die indianische Tradition treu und ohne Beimischung fremder Elemente wiedergegeben . . . ." [1])

Viel zu weit geht Knortz, der von „sehr vielen Details und Parallelstellen" spricht, „die fast auf jeder Seite" Hiawathas „an das Nationalepos der Finnen erinnern, bei dem Longfellow unstreitig starke Anleihen gemacht hat." [2])

Der Dichter selbst findet die Idee, ihn für die obengenannte Aehnlichkeit zwischen finnischen und indianischen Legenden „verantwortlich" machen zu wollen, „allzu spasshaft." [3])

Darum haben auch die Angaben von Knortz und anderen über Anklänge Hiawathas an Kalewala keineswegs den Wert von wirklichen Quellenangaben.

Die ganze unhaltbare Anschuldigung des Plagiats ist im Grunde genommen nichts anderes, als das Resultat einer einseitigen Quellenforschung, die infolge der Gleichheit des mythischen Untergrundes im finnischen und indianischen Sagenkreis wohl erklärlich, aber nie entschuldbar sein kann.

Unsere Aufgabe ist es nun, Longfellows Quellen an der Hand seiner Angaben als auch auf Grund eigener Studien aufs genaueste zu prüfen und festzustellen; zuvor wollen wir aber noch einige kurze Bemerkungen über die Entstehung des Hiawathaliedes machen.

Bis zum Ende des 18. Jahrhunderts war das Gebiet der indianischen Litteratur nur wenig kultiviert worden, dagegen fanden sich in der ersten Hälfte des nächsten Jahrhunderts um so mehr Dichter, die sich dazu berufen fühlten, den verlockenden Stoff indianischer Mythe und Geschichte der Lesewelt näher zu bringen. Die bekanntesten derselben sind Southey, dessen Madoc [1805] vollständig misslang, und Campbell, dessen Gertrude of Wyoming [1809], obgleich von höherem Werte, ebensowenig populär zu werden vermochte, als die jetzt schon längst vergessenen poetischen Schöpfungen zahlreicher anderer Dichter. [4])

---

[1]) F. Freiligrath, *Der Sang von Hiawatha*, Vorwort p. XI; vgl. hiezu St. Kennedy, *H. W. Longfellow*. p. 86.
[2]) Knortz, *Longfellow, Litterarische Studie*. p. 83; *Geschichte der Nordamerikan. Litteratur*, p. 373.
[3]) S. Longfellow, *H. W. Longfellow* II., p. 268.
[4]) Wir können uns nicht enthalten, an dieser Stelle auf eine deutsche Bearbeitung indianischer Mythen hinzuweisen, welche i. J. 1856 zu Düsseldorf erschien und die sich ebenso sehr durch die Schönheit ihres Inhalts als durch Gewandtheit in der Darstellung auszeichnet; es ist dies: „*Mythen und Sagen der Indianer Amerikas*" von Amara George [Mathilde Kaufmann].

Es sei kurz gesagt, dass der Hauptgrund für das Misslingen so vieler dichterischer Erzeugnisse in einer gänzlichen Verkennung und durchaus unrichtigen Behandlung des Stoffes zu suchen ist.

„It required courage, and not only this, but learning, and a combination of the poetical and historical instincts as well, to take up the theme again, and make of it a result, altogether successful and worthy of renown." [1])

Einer in der „Literary World" aufgezeichneten Anekdote zufolge soll Longfellow die erste Anregung zur Abfassung Hiawathas durch die begeisterten Erzählungen eines seiner früheren Schüler empfangen haben, der nach einem Sommeraufenthalte im Far West nach Cambridge zurückgekehrt war. [2]) Sei dem, wie ihm wolle, wir wissen, dass die Geburt Hiawathas keineswegs die Frucht einer plötzlichen Begeisterung war, sondern erst nach viel Zeit und Mühe kostenden Studien zustande gekommen ist. „Mr. Longfellow carried the subject in his mind nearly ten years before he brought it before the public", [3]) und der Dichter selbst sagte zu G. L. Austin: „I pored over Mr. Schoolcraft writings nearly three years," [4]) wie auch in seinem Tagebuch zu lesen ist: „I have, at length, hit upon a plan for a poem on the American Indians ....." [5])

Die ganze Schöpfungskraft eines genialen Künstlers wie Longfellow war in der That erforderlich, um die zusammenhanglosen und oft nur fragmentarischen indianischen Mythen und Legenden einheitlich zu gruppieren, manche wegen innerer Ungereimtheiten dichterisch unbrauchbare Elemente aus denselben auszuscheiden, ohne dadurch die natürliche Eigenart des Stoffes zu Schaden zu bringen, Sitten und Gebräuche getreu abzuzeichnen, Idiosynkrasien unverfälscht wiederzugeben und das Ganze in eine, dem indianischen Geiste abgelauschte, einfache und schlichte Sprache zu kleiden.

---

deren Quelle, *Tales of an Indian* von J. A. Jones, London 1830, wir der Liebenswürdigkeit der Verfasserin verdanken.

[1]) G. L. Austin, *H. W. Longfellow.* p. 322.
[2]) Ibidem oder St. Kennedy, *H. W. Longfellow.* p. 85.
[3]) G. L. Austin, *H. W. Longfellow.* p. 322.
[4]) Ibidem, p. 323.
[5]) S. Longfellow, *H. W. Longfellow* II., p. 247, 248.

I. Mythen.

Legendäre Mythen.

Der Hiawathamythus ruht in der Gestalt, wie wir ihn in Longfellows „Song" dargestellt finden, wesentlich auf der Basis der uralten Erzählungen über Manabozho, Michabou und Tarenyawagon oder Hiawatha.

Die Quellen, aus denen der Dichter geschöpft hat, sind die folgenden, von ihm selbst genannten Werke Schoolcrafts:
Algic Researches I., p. 134—174:
Manabozho or the Great Incarnation of the North, und
History of the Indian Tribes, I. p. 317—319, 2:
Allegorical Tradition of the Origin of Men, of Manabozho, and of the Introduction of the Religious Mysteries of the Medical Magic, und III., p. 314—317:
Hiawatha or the Origin of the Onondoga Council Fire.[1]

Diese scheinbar verschiedenen Mythen verschiedener Volksstämme hat nun der Dichter im „Hiawatha" mit einander verschmolzen. Hiebei mag er sich auf seinen Gewährsmann Schoolcraft gestützt haben, welcher die Identität der oben genannten Heroen behauptet: „Tarenyawagon who is thougt to be the same as Michabou, Chiabo, Manabozho and the Great Hare."[2]

Ein innerer, weit stichhaltigerer Grund jedoch hat bei dieser Verquickung den Ausschlag gegeben. Es ist dies eine, wenn auch nur schwach hervortretende Aehnlichkeit gewisser Hauptzüge in eben diesen Mythen, welche zur Genüge erkennen lässt, dass dieselben nur Varianten ein und desselben Urmythus sind.[3]

---

[1] Dieser letztere Mythus wurde von Schoolcraft schon früher einmal veröffentlicht in den *Notes on the Iroquois*, p. 271—283: The Iroquois Quetzalcoatl.

[2] *History of the Indian Tribes* I., p. 316; cfr. auch ibidem p. 18, 7.

[3] Th. Waitz beschuldigt Longfellow, dass er den „Heros Hiawatha mit Michabou und Manabozho ganz unbegründeter Weise identifiziert und die Sagen verschiedener Völker, die höchst wahrscheinlich nie in irgend einem Zusammenhang gestanden haben, mit einander verschmolzen habe". *Anthropologie der Naturvölker* III., p. 233. Was die beiden letzten Namen anbelangt, so belehrt uns D. G. Brinton in seiner ausgezeichneten Abhandlung: *The Myths of the New World*, p. 164, dass die Namen Manibozho, Nanibojou, Missibizi, Michabou, Messou nichts anderes als Spielarten des nämlichen Wortes in den

Es ist ganz natürlich, dass trotz dieser mythologischen Aehnlichkeit in den Grundzügen der Heros in jeder der Varianten einen mehr oder weniger modifizierten, ja sogar direkt entgegengesetzten Charakter besitzt. Es war darum für den Dichter auch kein Leichtes, aus dieser Mehrheit ungleichartiger Charaktere einen einzigen harmonischen Charakter zu schaffen. Hand in Hand mit dieser Schwierigkeit ging die andere, der Namenswahl für den Heros. Der Dichter hat diese Schwierigkeit wohl gefühlt, wie aus der folgenden Stelle seines Tagebuches ersichtlich ist:

„Work at ‚Manabozho‘, or as I think, I shall call it ‚Hiawatha‘, that being another name for the same personage." [1])

In der That trägt nun der Heros den Namen Hiawatha, obwohl der grössere Teil der Episoden, die sich bei Longfellow um ihn gruppieren, dem Manabozhocyclus entlehnt ist. Manabozho ist in den Händen des Dichters zu Hiawatha geworden, d. h. der Dichter hat in Folge zwingender, sowohl logischer als auch poetischer Gründe alle jene mythologisch zwar hochinteressanten, dichterisch aber unbrauchbaren Elemente aus dem Manabozhomythus ausgeschieden, welche diesem einerseits das Gepräge eines düsteren, urweltlichen Riesengeistes, der nebenbei auch ein grosser indianischer Zauberer ist, und andrerseits das eines armseligen Tölpels aufdrücken. Zur ersten Gruppe dieser Elemente zählt Manabozhos Vernichtungskampf gegen den Schlangenkönig,[2]) die Neuschöpfung der Erde aus einem Erdklümpchen, das die Moschusratte aus der unendlichen Wasserflut hervorgetaucht hat,[3]) oder wohl die Verwandlung Manabozhos in Tiere, Bäume u. s. w.

Die anderen für dichterische Zwecke völlig wertlosen Züge Manabozhos hat Schoolcraft in einer allgemeinen Charakteristik folgendermassen kurz zusammengefasst:

..... „In contrast with these high exploits, he (Manabozho) goes about playing low tricks,[4]) makes use of low subter-

---

verschiedenen Algonquindialekten sind. Was sodann den Heros Hiawatha anbetrifft, so ist es klar, dass der historische Träger dieses Namens, der gewaltige Begründer der Confederation der Five Nations in keinerlei Zusammenhang mit Michabou und Manabozho gestanden haben kann, aber ebenso klar ist es auch, dass die mythischen Züge, welche die immer geschäftige Sage um diesen Helden und Staatsmann Ameri':as gewoben hat, einem schon seit alters bestehenden Cyclus entnommen sind, und dass somit unser Dichter nichts anderes gethan hat, als diese einem Urmythus angehörigen Züge mit anderen Bestandteilen des nämlichen um andere Namen gruppierten Mythus zu verbinden.

[1]) S. Longfellow, *H. W. Longfellow* II., p. 248; cfr. auch ibidem „.... Manabozho or whatever the poem is to be called."
[2]) *Algic Researches* I., p. 164, 165, 166, 170.
[3]) Ibidem, p. 166, 167.
[4]) Cfr. u. a., *Algic Researches* I., p. 150,151, wo Manabozho heimtückisch das lange Zottelhaar des Geliebten seiner Grossmutter in Brand setzt, welcher diese allabendlich in der Gestalt eines Bären besuchte.

-fuges,¹) is often in want of food²), and after being tricked and laughed at ²) is at one time made to covet the ability of a woodpecker,³) and at another outdone by the simple skill of a child."⁴)

Der Dichter hat also nur solche F¹ mente aus dem Manabozho-Sagenkreis herübergenommen, welche mit dem Charakter des Hiawatha nicht kontrastieren, des Heroen, der auf Erden wandelt, Segen spendend, Ungeheuer tötend und Unrecht bestrafend.

Hiawathas Charakter selbst hat nur insoferne eine Umwandlung erfahren, als der Dichter demselben eine ziemlich naheliegende Erweiterung und Vermenschlichung des Charakters zu Teil werden lässt.

Während wir in der History of the Indian Tribes III., p. 314 lesen:

„Tarenyawagon taught the Six Nations arts and knowledge," singt Longfellow von Hiawatha und seinen Freunden:
„Pondering much and much contriving,
How the tribes of men might prosper"
(Ges. VI., V. 16, 17 und Schlussv.)
und Hiawatha „prayed ard fasted
„For the profit of the people
For advantage of the nations"
u. s. w. (Ges. V., V. 7, 8.)

Diese Erweiterung von Hiawathas Charakter verdanken wir jedoch nicht der poetischen Erfindung des Dichters selbst, sondern der anderen Version der Manabozhosage, wo der Heros (im Gegensatz zu der in den Algic Researches) diesen erweiterten Charakter zur Schau trägt.⁴)

Während Hiawatha und Manabozho in ihren verschiedenen Varianten augenscheinlich Sonnengötter und Kulturheroen sind, tritt bei Longfellow das rein Menschliche mehr in den Vordergrund. Hiawatha ist hier der Mustertypus eines Indianerhäuptlings, der geradeso isst, trinkt, fühlt, wünscht und zum Teil auch handelt, wie die übrigen seiner Gattung.

Schoolcraft berichtet nur weniges über diese beiden Gestalten und in diesem Wenigen ist Longfellow ihm, abgesehen von der zu grob realistischen Foetusepisode, ziemlich genau gefolgt:

Hiawathas Grossmutter u. Mutter. (Ges. III.)

---

¹) Cfr. Z. B. *Algic Researches* I., p. 151, 152, die dummlistige Schlauheit, durch welche er die Feuerschlangen hintergeht, oder mit welcher er Megissogwon zu täuschen sucht, ibidem p. 152, oder die fetten Tiere tötet, ibidem p. 155, u. s. w. . . .
²) *Algic Researches* II., p. 223 sqq.
³) Ein kleines Kind hebt den Fuss in die Höhe und steckt seine grosse Zehe in den Mund. Manabozho sucht das nachzumachen, bringt es aber nicht zu Wege. *Algic Researches* II., p. 126.
⁴) *History of the Indian Tribes* I., p. 317 sq.

„Story says his grand mother (Nocomis) was the daughter of the moon. Having been married but a short time, her rival attracted her to a grape-vine swing on the banks of a lake, and by one bold exertion pitched her into its centre, from which she fell through to the earth. Having a daughter, the fruit of her lunar marriage, she was very careful in instructing her from early infancy to beware of the west wind, and never in stooping to expose herself to its influence. In some unguarded moment this precaution was neglected. In an instant the gale invading her robes, scattered them upon its wings and accomplishing its Tarquinic purpose, at the same moment annihilated her. At the scene of this catastrophe her grandmother found a foetus-like mass, which she carefully and tenderly nursed till it assumed the beautiful and striking lineaments of the infant Manabozho."[1]

Nocomis tritt noch zu verschiedenen Malen im Gedichte auf, so vor allem als Lehrerin und Erzieherin des Hiawatha[2] [Ges. III., V. 74—143]; fernerhin teilt sie diesem das Geheimnis seiner Verwandtschaft mit[3] [Ges. IV., V. 26—32], kocht Oel aus dem Fleisch des Mishe Nahma[4) Ges. VIII., Schluss], reizt Hiawatha zur Rache an Megissogwon, den Mörder ihres Vaters, welch' letzterer vom Mond herabgestiegen war, um sie zu suchen[5] [Ges. IX., V. 16—52] und begrüsst ihn nach seiner siegreichen Heimkehr am Seegestade[6] [Ges. IX., Schluss].

Alle diese Züge sind mit grösseren oder kleineren Umänderungen aus den Algic Researches entlehnt.

Hiawathas Jugendzeit. [Ges. III.] Die Grundzüge von „Hiawathas Jugendzeit" finden sich in den schon öfters erwähnten Algic Researches, die dichterische Ausführung und Ausmalung jedoch bleibt Longfellows Verdienst. Wir glauben, dass die verschiedenartigen Modifikationen und Interpolationen, die der Dichter hiebei für nötig befunden hat, am besten durch die folgende Anführung der entsprechenden Stellen in den Algic Researches zu Tage treten werden:

.... „Very little is told of his early boyhood. We take him up in the following legend at a period of advanced youth, when we find him living with his grandmother."[7]

.... „He often conversed with animals, reptiles, fowls and fishes. He deemed himself related to them and unvariably adressed them by the term my brother."[8]

---

[1] *Algic Researches* I., p. 135, 136.
[2] Cfr. Ibidem, p. 138.
[3] „ „ p. 139.
[4] „ „ p. 146.
[5] „ „ p. 143.
[6] „ „ p. 154.
[7] „ „ p. 136.
[8] „ „ p. 137. Das nämliche wird berichtet von Michabou, „who heed the birds and beasts his brothers". *History of the Indian Tribes* I., p. 17, 5. Longfellow lässt den Hiawatha die Vögel „his chickens" nennen;

.... „Manabozho was living with his grandmother near the edge of a wide prairie. On this prairie he first saw birds and animals of every kind, he there also saw exhibitions of divine power in the sweeping tempests, in the thunder and lightning, and the various shades of light and darkness, which form a never-ending scene of observation. Every new sight he beheld in the heavens was a subject of remark; every animal or bird an object of deep interest, and every sound uttered by the animal creation a new lesson which he was expected to learn. He often trembled at what he heard and saw. To this scene his grandmother sent him at an early age to watch. The first sound he heard was that of the owl at which he was greatly terrified, and quickly descending the tree he had climbed, he ran with alarm to the lodge. Noko! Noko! [abbreviated term for *No-ko-mis* — my grandmother] he cried, I have heard a monedo [- - spirit. Chippeway Dialect], she laughed at his fears and asked him what kind of noise it made. He answered, „it makes a noise like this: Ko ko koho". She told him that he was young and foolish that what he had heard was only a bird, deriving its name from the noise it made."[1])

Wenn wir mit dieser ziemlich prosaischen Erzählung Vers 64—235 im dritten Gesange unseres Gedichtes vergleichen, so müssen wir sagen, dass die vom Dichter vollzogenen Aenderungen äussert schön und glücklich zu nennen sind. Besondere Wirkung ruft die Einschiebung einiger astronomischer Mythen hervor, ebenso die Einflechtung zweier indianischer Gesänge und mehrerer ethnographischer Elemente, deren Quellen wir alle im folgenden konstatieren werden.

In der Einleitung zu diesem Gesange [V. 1—6] wird der zum Manne herangewachsene Hiawatha als das Musterbild eines indianischen Helden, wenn kurz, so doch trefflich charakterisiert und das ganz in Uebereinstimmung mit den Legenden von Manabozho und Hiawatha: **Hiawatha und Mudjokeewis. [Ges. IV.]**

.... „And at this time (advanced youth) he (Manabozho) possessed, although he had not yet exercised, all the anomalous and contradictory powers of body and mind, mankind and divinity, which he afterwards evinced."[2])
und
.... „There was nothing in which he did not excell good hunters, brave warriors and eloquent orators."[3])

---

dieser Zug ist den *Algic Researches* I., p. 216 [Tale of Pau-Puk-Keewis] entlehnt, wie wir später sehen werden.
Ein interessanter Bericht über den Glauben der Indianer an ihre Verwandtschaft mit der Tierwelt findet sich in Brinton, *Myths of the New World*, Chapter IV., p. 99 sq.
[1] *Algic Researches* I., p. 138.
[2] Ibidem, p. 136.
[3] *History of the Indian Tribes* III., p. 314.

Sodann [V. 6—15] beleuchtet der Dichter Hiawathas Heldenhaftigkeit durch die Erzählung zweier dem indianischen Geschmacke entlehnter Kraftproben, die ebenso sehr Riesenstärke als unglaubliche Gewandtheit und Uebung in den Waffen voraussetzen. Die erstere dieser Illustrationen entstammt der Tale of the Red Swan, wo wir von einem anderen Helden, namens Ojibway lesen:

.... „Off he started on the run, he was noted for speed, for he would shoot an arrow and then run so fast that the arrow always fell behind him."[1])

während die and. in Analogie hiezu vom Dichter erfunden scheint.

Zur Bekleidung des Helden mit den „magic mittens"[2]) und den „moccasons enchanted" [V. 15—25], zweien Attributen, die dessen übernatürliche Kraft und Schnelligkeit bekunden sollen, mag der Dichter vielleicht angeregt worden sein durch die Erinnerung an die Zauberkeule des Herkules in der griechischen Mythologie und die Siebenmeilenstiefel des kleinen Däumlings im germanischen Märchenschatz. Den ersten Anstoss zu dieser poetischen Beigabe hat er jedoch von der indianischen Sage selbst empfangen; dort heisst es von Manabozho:

....„He had now attained manhood, possessed a giant's height, and was endowed by nature with a giants strength and power, he set out and soon reached the place [dwelling place of Mudjekeewis], for every step he took covered a large surface of ground."[3]

Als Manabozho den Schlangenkönig tödlich verwundet hatte und von Tausenden von Schlangen verfolgt wurde, floh er „over hill and valley, with all his strength and speed, treading a mile at a step."[4])

In der Begegnung des Hiawatha mit Mudjekeewis [V. 25 bis 251] gibt der Dichter im Grossen und Ganzen den Sinn des Originals getreulich wieder und erzählt alle Haupt- und Nebenereignisse in voller Uebereinstimmung mit demselben. Nur zweimal weicht der Sinn des Gedichtes in etwas von dem der Sage ab; so hören wir im Gedichte nicht, dass Manabozho glaubt, er sei „simple and his grandmother wise[5]), " als er das Schicksal seiner Eltern erfahren will, noch auch dass seine Grossmutter

---

[1]) *Algic Researches* II., p. 12.
[2]) Manabozhos Fäustlinge [*Minjekawin*] werden in der Geschichte vom „Moose and Woodpecker" erwähnt, sind jedoch ohne Zauberkraft. *Algic Researches* II., p. 221.
[3]) *Algic Researches* I., p. 140.
[4]) Ibidem, p. 166. Man vergleiche mit „treading a mile at a step" Longfellows Vers:
„At each step a mile he measured." (Ges. IV., V. 25, 59.)
[5]) *Algic Researches* I., p. 139.

ihm keine Auskunft darüber geben will, weil sie weiss, „that he
was of a wicked and revengeful disposition". [1])

Im Gedichte sind diese unpoetischen Motive durch die
einer edlen Wissbegierde einerseits und mütterlicher Liebe und
Besorgnis andrerseits ersetzt.

Aber die Begegnung Hiawathas mit Mudjekeewis auf dem
Gipfel eines hohen Berges, die Freude des letzteren über sein
Zusammentreffen mit dem Sohne, ihre Unterhaltung und die
Grosssprecherei des Mudjekeewis, der beiderseitige Versuch,
einander zu überlisten, als sie sich nach einem Gegenstande
ausforschen, der ihnen Furcht einzujagen vermag, ebensowohl
als ihre gegenseitige Verstellung, dann das Eingeständnis des
West Winds, der hierauf folgende Kampf, der den ganzen Tag
lang währt, und die Flucht des West Winds, sodann die Mission,
mit der Hiawatha von seinem Vater betraut wird, das Versprechen des Mudjekeewis, dem Sohne nach Erfüllung dieser
Mission die Herrschaft über den North West zu geben, die
Versöhnung des Hiawatha, und selbst die Anspielung auf die
noch existierenden Spuren des Kampfes, sind lauter Züge, die
direkt den *Algic Researches* entlehnt sind. [2])

An diesen Gesang hat der Dichter eine in der Sage vor
Manabozhos Auszug gegen Megissogwon stattfindende Episode
angeknüpft (V. 251 bis Schluss). Es ist dies der poetisch umgestaltete Pfeilspitzenkauf Manabozhos und dessen erste Begegnung mit Minnehaha. Bei Schoolcraft finden wir hierüber
folgenden Bericht:

Vor seinem Kriegszuge gegen Megissogwon sandte Manabozho seine Grossmutter fort, mit dem Auftrage, ihm Spitzen
für seine Pfeile zu kaufen. Er fand aber zwei Mal nach einander
an den heimgebrachten Spitzen etwas auszusetzen und schickte
seine Grossmutter ein drittes Mal fort, wobei er ihr unvermerkt
folgte, in der Absicht, den Herstellungsprozess der Pfeilspitzen
zu entdecken. In der Nähe der Wohnung des alten Pfeilschnitzers
angelangt, versteckte er sich in einiger Entfernung, „saw the

---

[1]) *Algic Researches* I. p. 139.
[2]) *Algic Researches* I., p. 140—143. — Es dürfte nicht uninteressant
sein, den mythologischen Gehalt des Kampfes zwischen Mudjekeewis und
Hiawatha einer eingehenden Würdigung zu unterziehen. Dieser Kampf, der
bereits vor Geburt des Heroen beginnt, ist nichts anderes als der täglich er-
neute Kampf zwischen Licht und Dunkel. Der Mond [Nocomis] ist die Tochter
der Nacht, die Dämmerung [Wenonah] ist deren Tochter, die den Morgen
[Manabozho] gebiert [Manabozho bedeutet wörtlich der grosse Weisse, = das
grosse Licht, der Geist des Lichtes] und bei diesem Acte selbst stirbt. Der
West [Mudjekeewis], der Geist des Dunkels wie der Morgen der des Lichtes,
erzeugt sozusagen den letztern, wie der Abend den Morgen erzeugt. Sogleich
nach der Geburt sucht der Sohn den unnatürlichen Vater auf, um den Tod
seiner Mutter zu rächen, und beginnt auf der Höhe der Berge den langen,
verzweifelten Streit. Der West muss schliesslich fliehen und Manabozho treibt
ihn über Flüsse, Berge und Seen und kommt endlich an's Ende der Welt. ...
Cfr. Brinton. *Myths of the New World*. p. 166, 167.

old artificer at work, and so discovered his process. He also beheld the old man's daughter and perceived that she was very beautiful. He felt his breast beat with a new emotion, but said nothing". Hierauf kehrte er nach Hause zurück und begann wieder zu singen, wie wenn er seinen Wigwam gar nicht verlassen hätte. [er hatte schon gesungen, bevor er seine Grossmutter fortgeschickt hatte], so dass es der Alten nicht einfallen konnte, zu argwöhnen, er sei ihr heimlich nachgefolgt.[1])

Hiawathas Fasten. [Ges. V.] Die Sage berichtet, dass Manabozho sich auf den Kampf mit der Pearl-feather durch Fasten vorbereitet habe:

„One evening the old woman said, My son, you ought to fast before you go to war, as your brothers frequently do, to find out whether you be successful or not. He said he had no objection and immediately commenced a fast for several days."[2])

Zu dem Gedanken, mit Hiawathas Fasten die wunderhübsche Allegorie von Mondamin zu verbinden, mag der Dichter, ganz abgesehen von der zauberhaften Schönheit der Mondamin-Legende, durch die folgenden Zeilen in The Origin of the Onondoga Council-Fire veranlasst worden sein:

„He (Tarenyawagon) taught the people to raise corn and beans."[3])

Hiawathas Freunde. [Ges. VI.] Chibiabos ist eigentlich Manabozhos Bruder. Wir lesen über ihre Freundschaft: „He (Manabozho) and his brother Chibiabos lived retired and were very intimate planning things for the good of men, and were of superior and surpassing powers of mind and body."[4])

Kwasind, der andere Freund Hiawathas steht ursprünglich in gar keiner Beziehung zu diesem oder Manabozho. Da nun aber Kwasind, gerade wie Hiawatha auf und in dem Wasser manche Heldenthat verrichtet, so hat der Dichter durchaus keinen Missgriff gethan, indem er denselben dem Hiawatha als Gehilfen zugesellte, der mit ihm „removed the obstructions from their (the Indians) watercourses, and made their fishing-grounds clear."[5]) [Ges. VII., V. 112 bis Schluss.]

Hiawathas Bootfahrt. [Ges. VII.] In der 16. Rune der Kalewala[6]) sendet Äinömöinen den Sampsa Pellerwoinen in den Wald, um Holz für ein neues Boot zu holen. Während nun Sampsa Pellerwoinen auf der Suche nach tauglichem Bauholz ist, unterhält er sich mit den verschiedenen Waldbäumen gerade so, als ob sie vernunftbegabte Wesen wären, stellt Fragen an sie und erhält Antwort zurück, genau so wie

---

[1]) *Algic Researches* I., p. 147, 148.
[2]) Ibidem, p. 148, 149.
[3]) *History of the Indian Tribes* III., p. 314.
[4]) Ibidem I., p. 317.
[5]) Ibidem.
[6]) *Kalewala*. p. 83, 84.

Hiawatha im siebenten Gesang unseres Liedes. Obwohl Longfellow zweifelsohne dieses höchst wirksame poetische Motiv der Kalewala entnommen hat, so hat er damit doch nicht ein gegen den Geist der indianischen Mythe verstossendes Element ins Gedicht eingeführt, im Gegenteil, er hat damit einen höchst charakteristischen Zug derselben zur vollen Geltung gelangen lassen. Wissen wir ja, dass Manabozho mit den Bäumen und Felsen Zwiegespräche führt, als er auf der Verfolgung des Pau-Pauk-Keewis begriffen ist.¹)

Bei der Schilderung vom Bau des Canoes folgt Longfellow dem in der History of the Indian Tribes²) erzählten Verfahren der Algonquins, wenngleich er von seinem Rechte der poetischen Freiheit ausgiebigen Gebrauch macht, so wenn er an Stelle der schon fertigen Präparate, wie Tannenpech, das nicht präparierte Naturprodukt setzt u. s. w.

An die mythische Wesenheit des Hiawatha werden wir erinnert durch die wunderbare Eigenschaft seines Bootes, ohne Ruder, dem blossen Willen des Insassen gehorchend, zu schwimmen (V. 107—112):

„He (Manabozho) had only to will or speak and the canoe went"³) und

„he (Tarenyawagon) had a canoe which would move without paddles. It was only necessary to will it, to compel it to go. With this he ascended the streams and the lakes."⁴)

Die Schlussscene des Gesangs, wo Hiawatha mit Hilfe Kwasinds die Wasserläufte von Untiefen und Baumstämmen säubert, dürfte nicht wenig unter dem Einfluss der ausgezeichneten Schilderung Catlins von „the most frightful and discouraging prospect formed by huge piles of floating trees in the Missouri river,"⁵) gestanden haben.

Bei der Abfassung von Hiawathas Fischfang hat sich der Dichter ziemlich genau an die Erzählung in den ihm vorliegenden Algic Researches⁶) gehalten, und zwar sowohl was die Begebenheiten selbst, als auch was deren Sinn und die Reihenfolge derselben betrifft. Die von ihm vollzogenen Aenderungen bezw. Zuthaten sind kurz folgende:

Der Dichter singt nicht von dem äusserst unpoetischen Motiv⁷), das den Manabozho bewegt, mit seiner Fischleine aus „cedar-bark" auf das „Big-Sea-Water" hinaus zu fahren. Ferner finden wir im Gedichte an Stelle der Forelle, die den Köder

---

¹) *Algic Researches* I., p. 217, 218.
²) II., p. 512. 3, Plate 72.
³) *Algic Researches* I., p. 151.
⁴) *History of the Indian Tribes* III., 314.
⁵) Catlin. *Letters and Notes* I., p. 17, 18.
⁶) *Algic Researches* I., p. 144—146.
⁷) Das eigentliche Motiv ist das Ausfallen der Haare der Nocomis aus Mangel an Haaröl. Ibidem, p. 144.

zuerst fasst, einen Riesenhecht. Hinzugefügt hat der Dichte das dreitägige Bankett der Seemöven, das Hiawatha für die ihm befreundeten Möven veranstaltet, zum Danke dafür, das sie ihm beigestanden haben, aus dem Innern des von ihm erschlagenen Störs zu entkommen. Den Anstoss hiezu hat er von einem bei andrer Gelegenheit stattfindenden Festmahl erhalten Manabozho hatte nämlich einmal einen Fisch von solcher Grösse erlegt, dass dessen Oel einen ganzen Teich füllte. Er lud nun alle Tiere und Vögel zum Genusse dieses Leckerbissens ein und tötete durch eine List die fettesten derselben.[1])

Hiawatha und Megissogwon. [Ges. IX.] Gerade wie im vorangehenden Gesange sieht Longfellow sich auch bei der hier zur Behandlung gelangten Sage aus inneren Gründen veranlasst, einige, wenn auch unbedeutende Aenderungen eintreten zu lassen. Im Grossen und Ganzen ist jedoch der Sinn der Schoolcraftschen Ueberlieferung[2]) vollkommen gewahrt. Selbstredend ist die reiche poetische Ausstattung Werk des Dichters.

Megissogwon ist in den Algic Researches nur der „Manito of Wampum" (Gott des Reichtums). Im Gedichte besitzt er noch den Nebencharakter eines Manito of „disease and death" (V. 35—4 ¦. Anfänglich waren wir der Meinung, Longfellow habe hier ter dem Einfluss der 45. Rune der Kalewala[3]) gestanden. Dort sendet Louhi „des Nordlands Wirtin" aus Neid aussergewöhnliche Krankheiten nach Wäinölä, um die Männer Kalewalas zu verderben. Diese Meinung erwies sich jedoch als unrichtig, denn in den „Relations des Jésuites" wird von einer Krankheit sendenden Gottheit der früheren Algonquins berichtet, die die Frau eines mächtigen Manito ist:

„Pour la femme du Manitou, elle est cause de toutes les maladies qui sont au monde, c'est elle qui tue les hommes, autrement ils ne mourraient pas, elle se repaist de leur chair, les rougeant intérieurement ce qui fait qu'on les voit amaigrir en leurs maladies; elle a une robe des plus beaux cheveux des hommes et des femmes qu'elle tue."[4])....

Möglicherweise hat Longfellow diesen Bericht, vielleicht auch eine Variante der darin niedergelegten Mythe benützt. Wenn wir nun den mythologischen Sinn dieser Gottheit betrachten, so finden wir, dass dieselbe nichts anders darstellt, als den Mond, die Göttin des Wassers und der Nacht, welche die Erde mit Nebel und Miasmen erfüllt;[5]) sie ist also nur ein

---

[1]) *Algic Researches* I., p. 154, 155.
[2]) Ibidem, p. 143, 151 sq.
[3]) *Kalewala*, p. 261.
[4]) *Relations der Jésuites*, vol. VI. p. 174.
[5]) Cfr. Brinton, *Myths of the New World*, p. 131—134. Was die mythologische Bedeutung der Kämpfe anbelangt, die Hiawatha mit dem „King of Fishes" und mit Megissogwon auszukämpfen hat, so deutet sie Brinton als

mythologisches Seitenstück zu Megissogwon, wesshalb auch der Dichter ohne Schwierigkeit die Erweiterung von Manabozhos Charakter nach der angegebenen Richtung hin vollziehen konnte.

Die wesentlichen Elemente dieses Gesanges sind, soweit sie nicht vom Dichter selbst erfunden sind, aus zwei verschiedenen Quellen geflossen. Die Legende von Manabozho berichtet in nur zwei Zeilen die von Longfellow in zwei Gesänge ausgesponnene Liebesgeschichte des Heroen: Hiawathas Werbung. (Ges. X.)

„Having accomplished his victory over the reptiles, Manabozho returned to his former place of dwelling and married the arrow-maker's daughter." [1])

Unter dem Einfluss der an Liebesscenen reichen Kalewala steht die Warnung der Nocomis, welche ihren Enkelsohn davon abbringen will, eine „stranger" anstatt „a neighbour's homely daughter" heimzuführen (V. 12—20), und die Weigerung des letzteren, dem gutgemeinten Ratschlage zu folgen (V. 20 26; 24 42; 49 55).

Dort lesen wir, dass Ahti, der muntere Lemminkäinen, von seiner Mutter folgendermassen gewarnt wird, als er sich auf die Freierfahrt um die schöne Jungfrau von Saari begeben will:

> Ab will ihn die Mutter bringen,
> Warnen will die greise Alte:
> „Werbe nicht, mein liebes Söhnchen,
> Um ein Mädchen besserer Herkunft,
> Nicht wirst du geduldet werden
> In dem grossen Stamme Saari's.
>
> Sprach der muntere Lemminkäinen
> Selbst, der schöne Kaukomieli:
> „Bin ich nicht aus hohem Hause,
> Nicht aus gar zu grossem Stamme,
> Werde ich nach meinem Wuchse,
> Nach dem Ausseh'n eine wählen." [2])

und:

> „Nicht beachtet Lemminkäinen
> Seiner lieben Mutter Warnung." [3])

— — — — — — —

Der Hauptunterschied zwischen der Warnung in der Kalewala und der bei Longfellow besteht darin, dass unser Dichter den in dem finnischen Epos betonten Standesunterschied fallen

---

„figurative description of the wars of the elements" und den „King of Fishes" und den „Shining Manito whose home was guarded by fiery serpents" als „symbols of the atmospheric waters." *Myths of the New World.* p. 168.
[1]) *Algic Researches* I. p. 170.
[2]) *Kalewala*, 11te Rune V. 67—81 p. 54, 55.
[3]) „ „ „ V. 102 sq.

lässt, im Stammesunterschiede aber gerade ein sehr wirksames
poetisches Motiv erblickt.
Es sind die folgenden Verse, die wir hier im Auge haben:
„Süll dissuading, said Nocomis

V. 43—49.
Laughing answered Hiawatha:

V. 50—55."
Noch erhöht wird der dichterische Wert dieser Verse durch
die Bedeutung des Wortes Dacotah, welches mit „allied or
leagued together" zu übersetzen ist.[1]
Fernerhin finden wir die Mutter Lemminkäinens voll Be-
sorgnis um das Leben des Sohnes, gerade wie Nocomis, die den
Hiawatha an die zahlreichen, von alters her üblichen Fehden
mit den Dacotahs erinnert. V. 43—49.
Noch einige andere Züge sind der Kalewala entlehnt, so
sind die Verse:
„Bring not here a useless woman,
Hands unskilful, feet unwilling,
Bring a wife with nimble fingers."
V. 27—30,
eine umgestaltete Uebersetzung der folgenden aus der Kalewala.
Seine Mutter rät dem Wäinömöinen, eine von des Nordlands
netten Töchtern zu freien:
„Dorther nimm, o Sohn, ein Weibchen,
Die im Wuchse schön gestaltet,
Immer rasch ist auf den Füssen
Und voll Flinkheit in den Gliedern.[2]
Der Vergleich von Hiawathas Auserwählten mit dem „star-
light, moonlight, sunlight" [V. 19, 25, 26, 41, 42], ist eine freie
Nachahmung eines ähnlichen Vergleichs, den Wäinömöinen an-
stellt, wenn er dem Schmied Ilmarinen seine Freierfahrt nach
dem Nordland berichtet.
„Sprach der alte Wäinömöinen

— — — — wunderschöne Jungfrau,
Von den Schläfen strahlt das Mondlicht,
Von den Brüsten Licht der Sonne,
Von den Schultern Licht des Bären,
Von dem Rücken sieben Sterne."[3]
An anderer Stelle finden wir in der Kalewala den näm-
lichen Vergleich wieder, es wird dort die leuchtende Schönheit
von der Freundin der Braut dermassen geschildert:

[1] *History of the Indian Tribes* I., p. 248. Cfr. auch Brinton, *Myths
of the New World*. p. 28, Anm.
[2] *Kalewala*, 5te Rune, V. 235—241, p. 27.
[3] „ 10te Rune. V. 81—92, p. 48.

„Ihre Augen schimmern freundlich,
Wie die Sterne an dem Himmel,
Ihre Schläfe strahlen weithin,
Wie das Mondlicht auf dem Meere.")

Die Idee eines indianischen Hochzeitsfestes dürfte der That- **Hiawathas**
sächlichkeit wenig entsprechen,²) doch sind bei dem Aufbau des **Hochzeitsfest**
Gesanges nur echt indianische Sitten und Gebräuche zur Ver- [Ges. XI.]
wendung gekommen, wie wir in einem späteren Kapitel sehen
werden.
In der Kalewala findet sich gelegentlich der Hochzeit des
Ilmarinen mit der Tochter der Wirtin von Pojohla ein ähnliches
Fest. Dieses hat zweifelsohne Longfellow zur Schöpfung des
indianischen Hochzeitsfestes mitbestimmen helfen, wie wir aus
einem Vergleich zwischen beiden Festen leicht entnehmen können.
Wir wollen darum in aller Kürze die ähnlich lautenden Verse
anführen, bezw. darauf verweisen:

Longfellow: Kalewala:
„She had sent through all the   „Darauf liess Pojohlas Wirtin
  village
Messengers with wand of wil-   Ueberall zur Hochzeit laden,
  low"
— — — — —   Sandte Boten, um zu bitten,
            V. 19 sq.   Redet selber diese Worte:"³)
— — — — —
                                    Ferner:
Sumptuous was the feast No-   „Darauf speist des Nord-
  comis   land's Wirtin,
Made at Hiawatha's wedding   Speist und tränkt sie ihre
            V. 13 sq.   Gäste."⁴)

Aehnlicherweise wie die Wirtin von Pojohla den Wäinö-
möinen um ein Hochzeitslied bittet,⁵) so fordert die Familie des
Hiawatha den Chibiabos auf, die anwesenden Gäste durch seinen
Gesang zu entzücken. V. 125.
Ausserdem gleichen die dreimal wiederholten Verse
          „That the feast may be more joyous
           That the time may pass more gaily"
                V. 52, 53; 131, 132; 233, 234.

---

¹) *Kalewala*, 25te Rune. V. 631—634, p. 158.
²) In keinem der zahlreichen Bücher über indianische Ethnographie, die
wir durchgelesen haben, fand sich eine ähnliche Sitte. Auf die Zeremonien
der Eheschliessung folgen keine Schmausereien oder Trinkgelage. Heiraten
bedeutet bei den meisten indianischen Stämmen nichts anderes als ein Geschäft machen. Cfr. z. B. Mrs. Eastman. *Dacotah:* The Dacotah Bride.
Chapter V., p. 107.
³) *Kalewala*, 20te Rune. V. 556—560, p. 118.
⁴) „   21te „ V. 227—238, p. 122.
⁵) „   20te „ V. 573—574, p. 118.

2*

ziemlich stark den Worten, mit denen in der Kalewala das
„dürre Knäblein" sich zum Gesange anbietet:
„Zu des Abends gröss'rer Freude
Zu des schönen Tages Ehre."[1]
Wäinömöinen selbst sang
„Zu der Freud des langen Abends."[2]

Bilder- Die Erfindung der indianischen Bilderschriftzeichen finden
schreibekunst. wir bei Longfellow dem Hiawatha zugeschrieben. Hiebei bleibt
[Ges. XIV.] der Dichter in Einklang mit den Ueberlieferungen über Manabozho, wenigstens insofern als dieser als „author of arts and improvements"[3] characterisiert ist, und gibt uns noch dazu eine poetische Beleuchtung des Namens Hiawatha, welcher „a person of great wisdom"[4] bedeutet.

Hiawathas Hier sehen wir einen Teil eines zum Manabozhocyclus ge-
Klage. hörigen Mythus[5]) in Verse gebracht. Im Grunde genommen
[Ges. XV.] hat der Dichter die Hauptvorgänge des Originals getreu nachgezeichnet und auch manche Einzelheiten in den Gesang aufgenommen. Die hiebei für nötig befundenen Umänderungen sind ganz im Sinne von Longfellows sonstigem, dichterischen Verfahren gehalten. Demgemäss konnte der Dichter die Scene nicht verwerten, in der Hiawatha voll Trauer und Ingrimm über den Verlust des Freundes dargestellt wird als zürnender Gott, „waging a war against all the Manitoes and precipitating numbers of them to the deepest abyss," noch auch die, in welcher die „Manitoes introducing the mysteries of the Grand Medecine Dance" auftreten. Im Gedichte vertreten ihre Stelle die indianischen Priester, die Jossakeeds, Wabenos und Medas, welche zur Beruhigung des Hiawatha einen gewöhnlichen Medizintanz aufführen.

Wie in den übrigen Teilen des Gedichtes, so verdanken wir auch hier die reiche, dichterische Ausschmückung des Mythus durch die Einflechtung anderer mythischer, hauptsächlich jedoch ethnographischer Bestandteile der hervorragenden Kombinationsgabe unseres Dichters. Diese neu hinzugekommenen Bestandteile werden naturgemäss im Laufe unserer Abhandlung noch zur Sprache kommen.

Die In der Erzählung vom Moose and Woodpecker lesen wir,
Hungersnot. dass Manabozho und seine Familie sich einst zur Winterszeit
[Ges. XX.]

---

[1] *Kalewala*, 21te Rune, V. 305—306 p. 123.
[2] „   „   „   V. 376 p. 123.
[3] *History of the Indian Tribes* I.. p. 317.
[4] „   „   „   „   III., p. 314.
[5] „   „   „   „   I., p. 318—319. In den *Algic Researches* I., p. 162. 163 findet sich eine Variante dieser Mythe, die jedoch der poetischen Schönheit entbehrt, welche die von Longfellow benutzte auszeichnet.

fand; es heisst daselbst:

"After Manabozho had killed the Prince of Serpents, he was living in a state of great want, completely deserted by his power as a deity, and not able to procure the ordinary means of subsistence. He was at this time living with his wife and children, in a remote part of the country, where he could get no game. He was miserably poor. It was winter and he had not the common Indian comforts."[1])

Dieser mit der Idee eines geistig hochstehenden Kulturheroen so wenig zusammenklingende Bericht wurde vom Dichter durch die Verbindung mit anderen, vor allem mythischen und ethnographischen Zügen in die traurig schöne Scene von Minnehahas Tod ausgearbeitet. Es ist nicht nötig, darauf hinzuweisen, dass diese neu hinzugefügten Züge an einer anderen Stelle unserer Forschung auf ihre Quellen geprüft werden.

Die Grundidee vom Abschied der "amores and deliciae" der Indianer Nordamerikas, ist, insoweit sie mythologisch ist, der Hiawathalegende entnommen. [Hiawathas Abschied. [Ges. XXII.]]

Nachdem Hiawatha die Verbrüderung der "Six Nations" bewerkstelligt hatte, hielt er eine Rede vor der Versammlung derselben und kündete ihnen seine bevorstehende Himmelfahrt an:

"At its (of the speech) conclusion, he went down to the shore, and assumed his seat in his mythical vessel. Sweet music was heard in the air at the same moment, and as its cadence floated in the ears of the wondering multitude, it rose in the air higher and higher, till it vanished from the sight and disappeared from the celestial regions inhabited only by Owayneo and his hosts."[2])

Eine der anmutigsten Schöpfungen im Gedichte ist die des "sweetest of all singers" (Ges. VI., V. 21, 69; Ges. XI., V. 133), des Chibiabos. Mit der bezaubernden Sangesgewalt eines Orpheus begabt, ist derselbe jedoch der indianischen Mythologie völlig unbekannt. Longfellow hat hier unstreitbar eine Anleihe bei der Mythologie der Finnen gemacht. In der That weist ein Vergleich zwischen dem finnischen Apollo Wäinömöinen und dem "best of all musicians" (Ges. VI., V. 20, 68; Ges. XI., V. 132) grosse Aehnlichkeiten auf. [Chibiabos. [Ges. VI.]]

Dem Plane des Gedichtes entsprechend ist Chibiabos jedoch mit einem mehr menschlichen und zarten Charakter ausgestattet, während Wäinömöinen urgewaltig, ja götterhaft erscheint.

---

[1]) *Algic Researches* II., p. 217.
[2]) *History of the Indian Tribes* III., p. 317.

Wir wollen nun die entsprechenden Stellen in der Kalewala und im „Hiawatha" einander gegenüberstellen:

Longfellow:
Ges. VI. V. 26.—30.
„When he sang, the village listened;
All the warriors gathered round him.
All the women came to hear him;
Now he stirred their souls to passion.
Now he melted them to pity."

Kalewala:
„Wäinömöinen, alt und wahrhaft,
Spielte einen Tag, den zweiten
Gab dort keinen von den Helden,
Keinen von den kräft'gen Männern,
Keinen Mann und kein's der Weiber,
Keine Flechtenträgerinnen,
Die er nicht zu Thränen rührte,
Deren Herz er nicht bewegte
— — — — — — "[1]

Wenn Chibiabos seiner Flöte süsse Klänge entlockt, so versetzt er damit die ganze belebte und unbelebte Natur in einen Wonnerausch, gerade wie Wäinömöinen durch sein Harfenspiel.

V. 36—60.
„From the hollow reeds he fashioned
— — — — — — —
— — — — — — —
— — — — — — —
— — — — — — —
— — — — — — —
— — — — — — —

„Spielt der alte Wäinömöinen,
Nicht gab es zur Zeit im Walde
Tiere laufend auf vier Füssen,
Die mit langen Stelzen gingen,
Die nicht kamen zuzuhören
Und bewundernd sich zu freuen.
Lustig sprang das muntre Eichhorn.
Kletterte von Ast zu Aste
— — — — — "[2]

„Yes the blue-bird, the Owaissa,
— — — — — — —
— — — — — — —
— — — — — — —

„Alle Vögel in den Lüften,
Alle Schwinger zweier Flügel.
Kamen munter da geflattert,
Kamen eiligst angeflogen,
Um die Töne anzuhören,
Um bewundernd sich zu freuen."

Der Adler, der Falke, der Schwan, die Finken und selbst die kleinsten Zeisige kommen geflogen, um den wundervollen Melodien des Sängers zu lauschen.[3]

---

[1] *Kalewala*, 41te Rune. V. 169 sq. p. 242. Wäinömöinen spielt auf der Harfe, die er sich aus der Kinnlade des Riesenhechtes konstruiert hat. Aehnlich lautende Stellen finden sich in der 20ten Rune, V. 375—382, p. 124 und in der 42ten Rune, V. 70—75. und 273—280, p. 244.

[2] Ibidem, 41te Rune. V. 50—56, p. 240.

[3] „   „   „ V. 70—94, p. 240.

Aber Wäinämöinens Gesang besitzt nicht nur überirdische, sondern an's Dämonische streifende Gewalt,¹) während der des Chibiabos in seiner Wirkung zwar auch überirdisch, dem Grundtone nach jedoch nur Sinne und Gemüt schmeichelnde Harmonie ist.

Trotzdem aber Chibiabos nicht auf dem Boden der indianischen Fiction entstanden ist, so müssen wir gestehen, dass die ihm von Longfellow verliehene Gestaltung durchaus nicht ausserhalb des Ideenkreises der Indianer steht, oder gar deren Idiosynkrasien widerspricht, wissen wir ja, dass dieselben die Musik für heilig halten²) und ihr Zauberkraft zuschreiben [cfr. späterhin den Medizintanz].

Kwasind ist das echte Erzeugnis des indianischen Geistes, gehört aber selbstredend nicht ausschliesslich der indianischen Mythologie an, sondern dem Kindesalter eines jeden Volksstammes, wenigstens insofern er die Personification der rohen Naturkraft darstellt.

Longfellow hat die allgemeine Charakteristik, die er uns von Kwasind gibt, sowie die darauf folgende Veranschaulichung derselben durch die Anfügung einiger ausnehmender Kraftproben, der Erzählung in den Algic Researches³) nachgebildet, die der Märchenerzähler des Dorfes Pauwating den spielenden Knaben daselbst vorträgt.

Die vom Dichter angebrachten Umänderungen bezw. Umstellungen sind ganz unbedeutender Art, so dass wir auf dieselben nicht näher einzugehen brauchen. Künstlerische Notwendigkeit zwang ihn, den Tod des „fearfully strong man" (Alg. Res) in einem späteren Gesange (XVIII.) zu besingen, wenn das Fortschreiten der Handlung die bevorstehende Katastrophe bereits andeutet.

Diese letztere Episode⁴) hat der Dichter mit einigen anderen mythologischen Zügen vermengt. Es sind dies die Allegorie von Weeng und seinen Legionen, die so sehr an Popes Gnomen erinnert, und ein Bruchteil einer dem Pau-Pauk-Keewiscyclus angehörigen Legende, welch' letztere durch den Charakter des Kwasind durch eine geringfügige Specialisierung des Inhalts angepasst ist, wie aus dem Folgenden ersichtlich:

„When the wind blows high, and the fine snow drifts, as it does about the vernal equinox, in these latitudes (Lake Supe-

---

¹) *Kalewala*, 44te Rune. V. 259—265, p. 260; cfr. auch 9te Rune. V. 295—300, p. 14.
²) *History of the Indian Tribes* III., p. 227.
³) *Algic Researches* II., p. 161—163. — Ein merkwürdiger Zug der indianischen Mythologie tritt uns bei der Charakterschilderung des Kwasind entgegen — Kwasind gewinnt seine Kraft durch Fasten und Beten — wird das wohl etwas anderes bedeuten, als den Glauben der Indianer an die Ueberlegenheit des Geistes über das Körperliche?
⁴ Ibidem II., p. 163, 164.

rior), the Indians smilingly say: „Ah! now Pau-Pauk-Keewis is gathering in his harvest," or words to this effect"¹) (cfr. Schluss von Gesang XVIII).

Pau-Pauk-Keewis.
[Ges. XI, V. 1—3; 40—129; Ges. XVI, XVII.]

In den Algic Researches ist der am stärksten hervortretende Charakterzug des Pau-Pauk-Keewis, dessen unersättliche Abenteuerlust, wir sehen ihn daselbst beständig „in search of more adventures."²)

Bei Longfellow hingegen tritt eine andere Charaktereigenschaft mehr in den Vordergrund, die sich in folgenden Satz zusammenfassen lässt: „Pau-Pauk-Keewis is a crazy brain, who played many queer tricks."³)

In der That hat Longfellow seinem Pau-Pauk-Keewis hauptsächlich den Charakter eines mutwilligen Unheilstifters verliehen [cfr. Ges. XI, V. 57: He the merry mischief-maker, und Ges. XVI, V. 5: You shall hear of all his mischief], ausserdem aber hat er die Konzeption dieses Charakters, entsprechend seinem beliebten Prinzip der Konzentration, bedeutend erweitert durch eine äusserst geschickte Verbindung von zahlreichen, höchst interessanten ethnographischen Zügen mit demselben.

Pau-Pauk-Keewis tritt beim Hochzeitsfest des Hiawatha zum ersten Mal im Gedicht auf. Er führt daselbst den Beggar's Dance auf, wobei er über die Häupter der versammelten Gäste hinwegspringt, durch seinen wilden Reigen Staub und Blätter aufwirbelt und hohe Sanddünen am Gestade des Lake Superior aufhäuft.

Diese Episode ist von Longfellow erfunden, ihre Bestandteile aber finden sich zumeist in den Mythen vor: in diesen setzt er leichten Sprungs über Bäume und Menschen, oder wohl auch über eine Hütte hinweg, so wenn er zum ersten Mal zu Menschen kommt,⁴) oder wenn er nach seinem Siege über die Söhne des alten Manito, diesen verfolgt „for sport, sometimes being before him, sometimes flying over his head."⁵)

Ferner, nach einem kurzen Aufenthalt im ersten Dorfe, in das er gelangt, bricht in Begleitung seines Mesh-in-au-wa⁶) auf

¹) *Algic Researches* II., p. 123. und *Personal Memoirs of a Residence of 30 Years with the Indian Tribes*, wo sich das Nämliche findet.
²) *Algic Researches* I., p. 205. Eine hübsche Interpretation von Pau-Pauk-Keewis' unersättlicher Abenteuerlust gibt Theodor Waitz in seiner *Anthropologie der Naturvölker* III., p. 234, wo er schreibt: „Der immer nach neuen Abenteuern dürstende Pau-Pauk-Keewis straft den Vorwurf der unüberwindlichen Geistesträgheit Lügen, den man so oft den Indianern gemacht hat. Cfr. auch *Algic Researches* I., p. 200.
³) Ibidem II., p. 123.
⁴) Ibidem I., p. 201.
⁵) Ibidem I., p. 203, 204.
⁶) Dieses ist ein Bedienter, der die Pfeife des ersten Häuptlings zu tragen hat; beim Beratungsfeuer nimmt er einen untergeordneten Rang ein [cfr. *Algic Researches* I., p. 201. Anm.]. Pau-Pauk-Keewis gewinnt ihn jedoch nicht beim Spiel, sondern der junge Mann folgt ihm aus freundschaftlicher Zuneigung.

un dieser „was fatigued with walking, he would show
ew tricks, such as leaping over trees, and turning round
leg, till he made the dust fly". [1]
er Gedanke, den Tanz des Pau-Pauk-Keewis zur schöpfe-
Ursache der Sanddünen am Lake Superior zu machen.
ne Entstehung einem Vorfall verdanken, der sich während
ttrennens des Pau-Pauk-Keewis mit dem „bear-chief" zu-
heisst daselbst:
le was victor and came in first; but not to terminate
too soon he gave the bear-chief some specimens of his
d swiftness by forming eddies and whirlwinds with the
he leaped and turned about him." [2]
rade nun den Nagow Wudjoos diese Entstehungsursache
reiben, wurde Longfellow veranlasst einerseits deshalb,
Schauplatz der Handlung sich am Lake Superior befindet.
drerseits durch die Lektüre von Foster & Whitney,
on the Geology of the Lake Superior Land District,
, p. 131, wie uns die Originalanmerkung mitteilt.
e Hauptanregung zur Erfindung der obigen Episode
der Dichter jedoch durch eine andere Legende, in
Pau-Pauk-Keewis die geisterhafte Natur einer Personi-
g des Frühlings-Tagundnachtgleiche-Sturmes innehat.[3]
on eben da sind noch zwei weitere Züge entlehnt, nämlich
m Pau-Pauk-Keewis beigelegte Epithet „Stormfool"
L., V. 58; Ges. V. 3], welches nur einmal in der Legende
mt und zwar im Titel: „La Poudre[4]) or the Stormfool"
Wigwam des Pau-Pauk-Keewis, zu welchem der letztere
ichte seinen Mesh-in-au-wa mit den beim Würfelspiel ge-
n Gewinnsten sendet [Ges. XIV., V. 176—180]:
lis lodge stood in a point of woods, not far back from
res of the Gitche Guma, or great water, where the autumn-
rns had piled up the ice into high pinnacles resembling
·[5] an deren Stelle Longfellow die Nagow Wudjoo
treten lässt.
ie Schlussscene von Gesang XVI. [V. 196 bis Schluss]
ganz der Erzählung in den Algic Researches nach-
t, so der mutwillige Streich, den Pau-Pauk-Keewis dem
na spielt, indem er alle Einrichtungsgegenstände in dessen
rdnetem Wigwam kunterbunt durcheinander wirft, die
ung des zahmen Raben [in der Mythe ist es ein freier
einer von Manabozhos Brüdern, die in der Umgebung

Algic Researches I., p. 201, 202.
Ibidem I., p. 215; cfr. auch ibidem. p. 218.
Ibidem II., p. 122, 123.
La Poudre ist die französische Uebersetzung für das Ojibwaywort
das eine Art feinkörnigen Schneesturms bedeutet. *Algic Researches*
2.
Ibidem. p. 124.

der Wigwams wohnen], sodann die Ersteigung des Vorgebirges am Lake Superior, das Gemetzel, das Pau-Pauk-Keewis unter Hiawathas „mountain-chickens" anrichtet, und die Botschaft, die diese an Hiawatha senden.[1]

Die Jagd auf Pau-Pauk-Keewis [Ges. XVII] schliesst sich im Original[2]) direkt an die eben erwähnten Vorgänge an. Longfellow hat dieselbe zum Inhalt eines eigenen Gesanges gemacht. Er hat hiebei hauptsächlich jene Partieen unterdrückt, welche die schöpferische Macht des Manabozho allzu deutlich erkennen lassen, so ganz besonders die Wiederschöpfung der vielen Bäume und Felsen, die Pau-Pauk-Keewis vernichtet, um die Schnelligkeit seines Verfolgers zu hemmen.[3]) Hiefür schob der Dichter, vermöge eines Analogieverfahrens,[4]) einige von den zahlreichen Tierverwandlungen des Pau-Pauk-Keewis ein,[5]) die in den Algic Researches zur Beleuchtung seines abenteuerlustigen Geistes erzählt werden.

Der Inhalt der letzten elf Verse in Gesang XVII stammt von der oben erwähnten Erzählung „The Stormfool".

Bevor wir dieses Kapitel beenden, möchten wir gerne noch konstatieren, dass die Verwandlung des Pau-Pauk-Keewis in Keneu, den grossen Kriegsadler, ursprünglich wohl dessen Versetzung unter die Sterne[6]) bedeutet, die wörtliche Auffassung widerspricht jedoch dem Geist der indianischen Mythe durchaus nicht.

Jagoo.
[Ges. III: XI; XVI: XXI.]
Jagoo ist ursprünglich der indianische „god of the marvellous"[7]) im Gewande eines unsinnigen Aufschneiders und überspannten Erzählers. „He seems to hold the relative rank in oral narration, which our written literature awards to baron Münchhausen, J. Fallstaff and Captain S. Gulliver."[8])

Im „Hiawatha" findet sich kaum etwas von einem götterhaften Charakter, er ist hier nur der „great boaster", „great traveller" und „marvellous story-teller"[9]) [Ges. III., V. 158—161;

---

[1]) *Algic Researches* I., p 216. In dieser Scene erblicken wir ein treues Bild der zerstörenden Thätigkeit des Pau-Pauk-Keewis in seiner Eigenschaft als daherbrausender Sturmwind, während die darauffolgende Flucht vor Hiawatha nichts anderes veranschaulicht, als den Kampf der schöpferischen Naturkräfte mit den Mächten der Vernichtung.
[2]) Ibidem, p. 216—220.
[3]) Ibidem, l., p. 217, 218.
[4]) In Analogie zu der im Original berichteten Verwandlung des Pau-Pauk-Keewis in eine Schlange.
[5]) Die Verwandlung in den Biber und die in die Rotgans findet sich in den *Algic Researches* I., p. 206—209; 210—212. Diese Verwandlungen beweisen den Glauben der Indianer an die Metempsychose. Cfr. *History of the Indian Tribes* I., p. 338.
[6]) Schoolcraft berichtet im *Oneóta*, p. 460, dass der Adler und zahlreiche andere Vögel und Tiere im indianischen Sternensystem vorkommen.
[7]) *Oneóta*, p. 458.
[8]) *Algic Researches* II., p. 231.
[9]) Cfr. Ibidem II., p. 229, 230.

[...]s. XXI., V. 140], dessen „name has long been established in [...]e hunter's vocabulary as a perfect synonym for liar and is [ba]ndied about as a familiar proverb."¹)

Longfellow teilt ihm ausserdem noch die Rolle des „friend of old Nocomis" zu [Ges. III., V. 162], indem er ihn an Stelle des Liebhabers setzt, der Nocomis in der Gestalt eines Bären zu besuchen pflegte.²)

Keine von den Erzählungen, die der Dichter dem Jagoo in den Mund legt, steht in den Mythen in irgend welchem Zusammenhang zu diesem, trotzdem aber hat der Dichter es wohl verstanden, den allgemeinen Charakter Jagoos zu bewahren.

Wir wollen eine von den Erzählungen folgen lassen, in welchen dieser Charakter sich treffend widerspiegelt:

„One evening he was sitting in his lodge, on the bank of a river and hearing the quaking of ducks on the stream, he fired through the lodge — door at a venture. He killed a swan, that happened to be flying by, and twenty brace of ducks in the stream. But this did not check the force of his shot: it passed on and struck the head of two loons, at the moment they were coming up from beneath the water, and even went beyond and killed the most extraordinary large fish kalled Moshkenozha (muscalunge).³)

Die bisher zur Behandlung gelangten Mythen tragen alle entschieden legendäres Gepräge: zu dieser Klasse lassen sich noch einige andere Mythen rechnen, die der Dichter geschickt in das Gewebe seiner Dichtung einzuflechten verstanden hat. Wir nennen an erster Stelle:

Der zweite Gesang hebt mit dem Lobgesang der Krieger **Mudjekeewis** und Greise auf Mudjeckewis an, der dem Mishe-Mokwa, dem **und Mishe-** riesigen Mammuthb[ären] im Schlafe das „sacred Belt of Wampum" **Mokwa.** [V. 4] unvermerk, vom Halse gezogen hat u. s. w. Dieser Mythus ist ein Auszug aus dem Hauptbegebnis in der Erzählung „Jamo, or the undying Head".⁴) Um dasselbe seinen Zwecken dienstbar zu machen, musste der Dichter bedeutende Vereinfachung eintreten lassen, und zwar ganz besonders durch Unterdrückung der häufigen Schilderungen von Zauber und dämonischer Mitwirkung, wodurch Mudjekeewis und seine Gesellen allein in den Stand gesetzt werden, den Mishe-Mokwa zu erschlagen.

Nach diesem Siege wird Mudjekeewis vom dankbaren Volke zum „Father of the Winds of Heaven" [V. 76] erwählt

¹) *Algic Researches* II., p. 230.
²) Ibidem I., p. 150.
³) „ II., p. 231.
⁴) „ I., p. 96—121.

und erhält den Namen „Kabeyun, the Westwind [V. 74]. Diese Thatsache stimmt mit den Algic Researches überein, der Name „Kabeyun" ist der Oneóta[1]) entnommen. Bei seinem Angriff auf den grossen Bären spricht Mudje keewis die höhnenden Worte: „Hark! you Bear! you are a coward"..... [V. 43 seq.], um den Bären einzuschüchtern, denach dem Glauben der Indianer die menschliche Sprache versteht. Diese Anekdote entstammt einem Aufsatz Heckewelders in den „Transactions of the American Philosophical Society" I., p. 240, worauf Longfellow in seinen Originalanmerkungen verweist.

Zu erwähnen ist an dieser Stelle noch, dass der Vers „Hush the Naked Bear will get thee" [Ges. III., V. 80] nach des Dichters eigner Angabe auf eine Sage der Mohikaner und Delawaren zurückgeht, die gleichfalls Heckewelder in den Transactions IV., p. 260 berichtet. Leider waren wir nicht in der glücklichen Lage, die genannten Bände zu beschaffen.

Der Rote Schwan.

Die rhetorische Frage zu Beginn des Gesanges XII:

„Or the Red Swan floating, flying,
Wounded by the magic arrow,
Staining all the waves with crimson,
With the crimson of its life-blood,
Filling all the air with splendour,
With the splendour of its plumage?"

geht zurück auf die von Schoolcraft berichtete und von Longfellow teilweise citierte äusserst romantische Erzählung[2]) „The Red Swan" [an Ottawa Tale], welche die Abenteuer des indianischen Helden Ojibwa zum Gegenstande hat. Wir wollen zu Longfellows Citat nur noch hinzufügen, dass der Red Swan die „verwunschene" Tochter eines mächtigen Zauberers war, die durch Ojibwas Heldenthaten vom Zauber erlöst und später von ihm geheiratet wurde.

Der Sohn des Abendsterns. [Ges. XII.]

Die Erzählung von Osseo, dem Sohne des Abendsterns,[3]) lässt Longfellow den Jagoo bei Hiawathas Hochzeitsfest zum Vortrage bringen. Die Einverleibung dieser lieblichen Märchenerzählung in den Hiawatha liefert einen neuen Beweis von dem zarten, poetischen Gefühl des Verfassers; zugleich gibt sie uns Gelegenheit, die Meisterschaft zu bewundern, mit der derselbe es verstanden hat, nicht nur Sinn und Sentiment des Originals getreulich wiederzugeben, sondern auch die Reihenfolge der Begebenheiten aufs genaueste einzuhalten. Nur ein ziemlich

---
[1]) *Oneóta*, p. 128. „Kabeun is the name of a mythological person, who is spoken in their fictions as the father of the winds."
[2]) *Algic Researches* II., p. 9 sqq.
[3]) „ „ II., p. 152—160.

unbedeutender Zug ist einer anderen Erzählung entnommen und zwar findet sich derselbe in V. 50:

„Always coughing like a squirrel" (Osseo),

welcher augenscheinlich auf eine Episode zurückgeht, die in der Geschichte vom „Mose und Woodpecker" erzählt wird.

Wir wollen eine kurze Inhaltsangabe dieser Episode folgen lassen ganz besonders wegen der auffallenden Aehnlichkeit, welche dieselbe mit der jährlich wiederkehrenden Bestrafung des Satans und seiner Engel in „Paradise Lost" [Canto X., V. 612 sq.] besitzt:

Zwei Jäger und Manitoes, namens Moose und Woodpecker, hatten einst bei einer Hungersnot den Manabozho arg zum besten gehabt. Dieser rief seinen Schutzgeist an und schwur den beiden Rache. Zu diesem Ende lud er sie zu einem Festmahle ein und setzte ihnen reichlich Fleischspeise vor. Sobald Moose und Woodpecker dieselbe kosteten, verwandelte sie sich in trockenen, gallbitteren Staub und machte sie husten und zwar um so lauter und heftiger, je mehr sie von der verführerisch aussehenden Speise zu sich zu nehmen suchten. Da verwandelte Manabozho, der plötzlich seine frühere Zauberkraft wiederkehren fühlte, die Beiden in Eichhörnchen. Seit dieser Zeit hustet oder bellt das Eichhörnchen, sobald sich jemand seinem Neste naht.[1)]

Allegorische Mythen.

Eine andere Klasse von Mythen mit entschieden allegorischem Charakter nimmt in unserem Gedichte den zweiten Rang ein. Sie unterscheiden sich von den übrigen hauptsächlich dadurch, dass in denselben Eigentümlichkeiten, die natürlicher Weise nur persönlichen Wesen zukommen können, den Dingen in der Natur angedichtet, oder, sozusagen, auf diese übertragen werden.

Hierher gehören die Erzählungen von Shingebis und Shawondasee im Gesang II.

Im Mythus von Shingebis [2)] wird der Kampf des Menschen gegen die vernichtende Kraft der Winterkälte allegorisch dargestellt. Die letztere ist in Kabibonokka, dem grimmen Gotte des eisigen Nordens,[3)] personificiert, während der mit der Doppel-

Shingebis.

[1)] Cfr. *Algic Resea¬ hes* II., p. 124, 125.
[2)] Diese Erzählung wurde von Schoolcraft zuerst in *Oneóta* (1845), p. 11, 12. und später (1853) in der *History of the Indian Tribes* III., p. 324—326, veröffentlicht
[3)] Im Original heisst Kabibonokka der Gott des „North-West". Das widerspricht der mythologischen Ueberlieferung und wurde von Longfellow verbessert. Cfr. *Algic Researches* II. p. 214, wo er die Herrschaft über den „North" erhält und den „North-West" gemeinschaftlich mit Manabozho regiert.

wesenheit eines Tauchers[1]) und Mannes begabte Shingebis, vermittelst derer er den endgiltigen Sieg über die vergöttlichte Naturgewalt davonträgt, die Menschheit repräsentiert.

In der Dichtung ist im Grossen und Ganzen der Sinn und Inhalt des Originals ziemlich genau wiedergegeben, doch ist daselbst, abweichend vom Original, die Erzählung in der Form eines Abenteuers vorgetragen, das Kabibonokka einst erlebte, als er „issued from his lodge of snow-drifts" und „howled and hurried southward".

Ausserdem hat der Dichter die grösseren Schwierigkeiten, mit denen Shingebis bei der gesteigerten Winterkälte ringen muss, um sich seinen Unterhalt aus dem Flusse zu tauchen, mit dichterischer Lizenz in einen wirklichen Ringkampf auf dem Eise verwandelt

Shawondasee. In der hübschen Mythe von Shawondasee sehen wir im Gewande der Allegorie die durch die erschaffende Wärme des Südwindes hervorgerufene Lethargie zur dichterischen Darstellung gelangen.

In den elf ersten Versen über Shawondasee gibt uns Long fellow eine dichterische Schilderung von der Thätigkeit desselben in seiner segensreichen Eigenschaft als Südwind, die wohl seiner igenen Phantasie entsprungen ist In den übrigen Teilen hält er sich an sein Original[2]) wenigstens hinsichtlich dessen, was Sinn und Reihenfolge anbelangt.

Wabun. Der zweite Gesang enthält noch eine sehr schöne Allegorie, nämlich die von Wabun und dem Wabun-annung. Leider haben wir jedoch nicht das Glück gehabt, die Quelle zu entdecken, aus der die Mythe hergeleitet ist, wir wissen nur, dass Wabun die Herrschaft des Ostens innehat,[3]) Wabun, Kabibonokka und Shawondasee sind die legitimen Kinder des Mudjekeewis, der nach seinem Siege über Mishe-Mokwa dieselben zu den „rulers of the winds of heaven" machte, den „West" aber für sich selbst behielt.[3])

Peboan u. Segwun. Die folgende Vergleichung des Textes der ersten Hälfte von Gesang XXI mit dem Wortlaut der Erzählung in den Algic [Ges. XXI.] Researches mag uns zeigen, wie der Dichter manchmal sein Original fast wörtlich kopiert hat.

Ges. XXI.   Algic Researches I., p. 84
                                              bis 86.

In his lodge beside a river,   An old man was sitting
Close beside a frozen river,   alone in his lodge, by the

---

[1]) Taucher (Tauchente) ist die Uebersetzung des Ojibway-Wortes „Shingebis".
[2]) Algic Researches II., p. 214. 215.
[3]) Ibidem, p. 214. Cfr. auch J. Tanner: „Narrative", p. 323.

Sat an old man, sad and
    lonly.

White his hair was as a snow-
    drift.
Dull and low his fire was
    burning.
And the old man shook and
    trembled

Hearing nothing but the tem-
    pest

Seeing nothing but the snow-
    storm
As it whirled and hissed and
    drifted.

All the coals were white
    with ashes,
And the fire was slowly dying,
As a young man, walking
    lightly,
At the open doorway entered.

Red with blood of youth his
    cheeks were,
Soft his eyes, as stars in spring-
    time.

Bound his forehead was with
    grasses,
Bound and plumed with scented
    grasses,
On his lips a smile of beauty
Filling all the lodge with sun-
    shine,
In his hand a bunch of blos-
    soms
Filling all the lodge with swee-
    tness.

side of a frozen stream. It was the close of winter and the fire was almost out. He appeared very old and desolate.

His locks were white with age and he trembled in every joint.

Day after day passed in solitude and he heard nothing but the sounds of the tempest sweeping before it the new-fallen snow.

One day, as his fire was just dying, a handsome young man approached and entered his dwelling.

His cheeks were red with the blood of youth, his eyes sparkled with animation and a smile played upon his lips.

He walked with a light and quick step.

His forehead was bound with a wreath of sweet grass, in place of a warrior's frontlet, and he carried a bunch of flowers in his hand.

„Ah! my son"! exclaimed the old man,
„Happy are my eyes to see you!"
Sit here on the mat beside me.
Sit here — — — — —

Let us pass the night together.
Tell me of your strange adventures,
Of the lands where you have travelled:
I will tell you of my prowess,
Of my many deeds of wonder.

From his pouch he drew his peace-pipe,
Very old and strangely fashioned;
— — — — — — —
Filled the pipe with bark of willow
— — — — — — —
Gave it to his guest, the stranger,
And began to speak in this wise:

„When I blow my breath about me,
When I breathe upon the landscape,
Motionless are all the rivers,
Hard as stone becomes the water!"
And the young man answered smiling:
„When I blow my breath about me,
When I breathe upon the landscape,
Flowers spring up all over the meadows
Singing, onward rush the rivers."

„Ah! my son!" said the old man,
„I am happy to see you.
Come in! come
tell me of your adventures and what strange lands you have been to see."
Let us pass the night together.

I will tell you of my prowess and exploits and what I can perform. You shall do the same and we will amuse ourselves.

He then drew from his sack a curiously wrought antique pipe, and having filled it with tobacco, rendered mild by the admixture of certain leaves, handed it to his guest.

When this ceremony was concludet, they began to speak.
„I blow my breath", said the old man, and the streams stand still.

„The water becomes still and heard as clear stone."

„I breathe," said the young man „and the flowers spring up all over the plain."

„When I shake my hoary tresses"	„I shake my locks," retorted the old man, and snow covers the land.
Said the old man darkly frowning,	
All the land with snow is covered;	
All the leaves fall from the branches,	The leaves fall from the trees at my command and my breath blows them away.¹)
Fall and fade and die and wither,	
For I breathe and lo! they are not.	

H. S. W.

Mondamin. Die äusserst zartsinnige und hochpoetische Legende von Mondamin,²) ist, wie wir schon an andrer Stelle bemerkt haben, gänzlich unabhängig vom Manabozhocyclus oder der Hiawathalegende; der Name des Helden heisst ursprünglich Wunzh.

Der Hauptsache nach hat Longfellow das Original getreu nachgezeichnet und ist nur in wenigen Strichen von demselben abgewichen, vor allem dadurch, dass er den stellenweise recht prosaischen Bericht Schoolcrafts dichterisch ausmalt, so ganz besonders die sinnigen Spaziergänge und Betrachtungen des fastenden Jünglings während der drei ersten Tage. Eingeschoben hat der Dichter aus rein poetischem Motiv die Schilderung der „friedlichen" Nacht vor dem entscheidenden siebenten Tage des Fastens, V. 168—182. Den Vater des Wunzh hat er durch Nocomis ersetzt und einiges mehr.

Waeng und Pauguk. Im „Hiawatha" befinden sich noch zwei andere Allegorien, die, höchst kunstreich in das Gewebe der Dichtung eingefloch-

---

¹) Ausser in den *Algic Researches* findet sich die nämliche Erzählung auszugsweise in Schoolcrafts: „*Personal Memoirs of a Residence of 30 Years . . .*". p. 104.

²) Sie erschien zuerst in den *Algic Researches* I., p. 122—128 unter dem Titel „Mondawnin or the Origin of the Indian Corn" (1839).

Sie erschien wiederum 1852 in der „*History of the Indian Tribes*" II., p. 230, 231, 232 mit geringen Umänderungen und um einige Zusätze gekürzt, so vor allem in der Schlussscene, wo nur in den Algic Researches von dem „feast on the newly-grown ears" die Rede ist.

In der *Cyclopedia Indianensis*, p. 11 (1842) findet sich ein Auszug aus der Mondaminlegende.

Es ist interessant, zu konstatiren, dass der Ottawastamm eine sehr ähnliche Legende besitzt: „The Magician of Lake Huron", *Oneóta*, p. 483.

Mit vollem Recht darf man aus dem Vorhandensein der Mondaminlegende auf den hohen zivilisatorischen Einfluss schliessen, den der Anbau des Zeamaises auf die halbwilden Indianerstämme ausgeübt hat; cfr. *History of the Indian Tribes* I., pag 60 und pag. 438.

Der Name „*Mondu-min*" entspricht genau dem Geist der Legende, er bedeutet „spirit's grain", *History of de Indian Tribes* II., p. 232, *Oneóta*, p. 82.

ten, eine sehr gute Wirkung erzielen, ohne den Leser im geringsten zu ermüden.

Wir meinen die Allegorien von Weeng (Schlaf) und Pauguk (Tod), deren erste der Dichter im Gesang XIII. kurz berührt:

„When the Spirit of Sleep, Nepahwin[1])
Shuts the doors of all the wigwams."
V. 44, 45,

während im Gesang XVIII., V. 67—91 die ganze Schönheit dieser Mythe sich vor unserem Geiste entfaltet.

Die Anregung zur Verwendung der Weengallegorie im Gesang XVIII. empfing Longfellow zweifelsohne durch die grosse Aehnlichkeit der Situation, in welcher Kwasind sich befindet, wenn er, aufgelauert von den Puk-Wudjies, „came floating calmly down the stream on the afternoon of a summer's day, languid with the heat of the weather and almost asleep,"[2]) und einem der Beispiele, die in der Erzählung von Weeng die geheimnissvolle Thätigkeit des Schlafgottes illustrieren sollen:

„Sleep may be induced in a person carelessly floating in his canoe above a fall."[3])

Pauguk.   Aus dieser Allegorie hat Longfellow nur die originellsten Züge verwertet, da sowohl logische als auch poetische Gründe ihn abhielten, auf eine ausführliche Beschreibung von Pauguks Natur und Thätigkeit einzugehen.

Die Stelle in Gesang IV., wo Mudjekeewis zu Hiawatha sagt:

„And at last when Death draws near you,
When the awful eyes of Pauguk"
Glare upon you in the darkness
V. 227—230

und eine andere in Gesang IX., wo der Dichter singt:

„And the mighty Megissogwon
Saw the fiery eyes of Pauguk,
Saw the eyes of Death glare at him"
V. 231—235,

mögen das Resultat einer dichterischen Kombination von einem der charakteristischten Züge Pauguks sein:

---

[1]) Der Dichter hat den mythischen Namen „Weeng" durch „*Nepahwin*" ersetzt, wahrscheinlich aus technischen Gründen; das Wort bedeutet Schlaf. siehe p. 82 unserer Abhandlung.

[2]) *Algic Researches* II., p. 164, cfr. Longfellow, Ges. XVIII., V. 52 bis 66.

[3]) Ibidem, p. 227. — Wir brauchen nicht zu betonen, dass Longfellow nur die anmutigsten Elemente aus der Weengmythe ausgewählt hat, siehe *Algic Researches* II., p. 226—228. — Einen Auszug daraus enthält die *Oneóta*, p. 458, 459.

..... „his eye sockets as
filled with balls of fire ...."[1])

mit einem anderen Zug, der in einer Anekdote erzählt wird, der gemäss eine Frau, die infolge der Ahnung vom Tode ihres Sohnes im Kampfe, plötzlich starb, der Annahme der Leute nach von
... „the glare of Pauguk ..." getroffen wurde.[2])

Es verhält sich nicht anders mit den angstvollen Worten der sterbenden Minnehaha:

„Ah!" she said, „the eyes of Pauguk"
Glare upon me in the darkness

Ges. XX., V. 106, 107,

während die folgenden Verse:

„I can feel his icy fingers
Clasping mine amid the darkness"

V. 108, 109

dem Todesbericht eines Kriegers entnommen sind, der „rushing forward to seize the prize of victory clasped the cold and bony hand of Pauguk."[3])

Religiöse Mythen.

Der religiöse Mythus nimmt in der indianischen Dichtung einen nicht unbedeutenden Platz ein. Die Motive sind die auch bei andern Naturvölkern beständig wiederkehrenden, mit dem Gewande der Mythe umkleideten, religiösen Begriffe, wie Schöpfung, Werth des Opfers, Lohn und Strafe im Jenseits u. s. w.

Unter den religiösen Mythen, die Longfellow in seinen „Hiawatha" aufgenommen hat, bemerken wir eine mit ganz mysteriösem Inhalte, nämlich die Legende, die von der Geburt des „heiligen Calumet", der Friedenspfeife handelt. Dieselbe wurde von Catlin niedergeschrieben und zwar in seinen „*Letters and Notes on the Manners, Customs and Conditions of the North American Indians*".[4])

Die Friedenspfeife.
[Ges. I.]

Longfellow hat nur den Hauptinhalt des Mythus, die durch die Geburt der Friedenspfeife zum Ausdruck gebrachte Idee des Friedens und der Menschenliebe, mit Unterdrückung verschiedener nebensächlicher Elemente zur Basis von Gesang I. gemacht. Da der Dichter selbst den Mythus in seiner Originalanmerkung zitiert, wollen wir uns begnügen, die Quelle einiger anderer wichtiger Züge festzustellen.

---

[1]) *Algic Researches* II, p. 241.
[2]) Ibidem, p. 243.
[3]) Ibidem, p. 241.
[4]) Ibidem, p. 163, 164. Fast die nämliche Ueberlieferung über die Friedenspfeife fand Catlin bei den Sioux des Mississippi; ibidem, p. 169.

Vor allem bemerken wir jedoch, dass dieser Gesang, abgesehen von der Einleitung, als der originellste des Gedichtes zu betrachten ist, nicht so fast wegen der Darstellung neuer und unbekannter, als wegen der Gruppierung bereits vorhandener Ideen und der Aufnahme zahlreicher geographischer und geschichtlicher Elemente von hohem Werte.

Die folgenden Verse:

„From his foot-prints flowed a river
— — — — — — —" V. 8 sq.

sind aus einem topographischen Berichte Catlins über verschiedene Merkwürdigkeiten des Côteau des Prairies genommen, dort liest man:

„The rock on which I sit to write, is the summit of a precipice 30 feet high, extending two miles in length and much of the way polished, as if a liquid glazing had been poured over its surface. Not far from us in the solid rock are the deep impressed ‚foot-steps‘ of the Great Spirit (in the form of a track of a large bird), where he formerly stood, when the blood of the buffaloes that he was devouring ran into the rocks and turned them red". At a few yards from us leaps a beautiful little stream, from the top of a precipice in a deep basin below. Here amid rocks of the loveliest hues, but wildest contour, is seen the poor Indian performing ablution." [1] ...

Dieser letzteren Stelle verdanken wir selbstredend auch die Verse:

„Bathe now in the stream before you
— — — — — — —" V. 123 sq.

Da diese Mythen ursprünglich in gar keiner Beziehung zu Manabozho oder Hiawatha standen, so hat der Dichter die Verheissung eines „Deliverer of the Nations" erfunden und dadurch eine sehr geschickte und nicht weniger poetische Einführung des Helden bewerkstelligt.

Die Geister. Dem vorangehenden Mythus kommen an Bedeutung gleich [Ges.XIX.] drei mystisch angehauchte Erzählungen, die des Dichters Kunst zu den „Ghosts" verschmolzen hat.

Die Basis dieses Gesanges wird von der Erzählung „The two Jeebi-ug" [2] gebildet, deren Einzelheiten fast genau kopiert sind; aber während ursprünglich der Beweggrund für den Besuch der Geister nur darin besteht, die Aufrichtigkeit der menschlichen Trauer um die Verstorbenen zu prüfen, hat Longfellow durch die Anfügung der Quintessenz aus den zwei anderen Mythen, ebensoviele neue Beweggründe hinzugefügt.

Die Schlussscene ist vom Dichter stark modifiziert worden, um einerseits einen Zusammenhang mit dem folgenden Gesange

---

[1] Catlin, *Letters and Notes* II., p. 165 sq.
[2] *Algic Researches* II., p. 61–66. The two Jeebi-ug, or A Trial of Feeling (From the Ojibway); *Jeebi* - Geist, *ug* ist die Endung des Plurals.

herzustellen und andrerseits diesen Gesang dem Fortschreiten
der Handlung anzupassen. Während nämlich im Original der
Jäger, dessen Rolle im Gedichte Hiawatha übernommen hat, für
seine Gastlichkeit durch das Versprechen ergiebiger Jagdzüge
und beständigen Familienglücks belohnt wird, wird dem letzteren eine noch viel schwerere Prüfung geweissagt.

Das zweite Motiv, das die Geister veranlasst, den Hiawatha
heimzusuchen, ist der Missbrauch der Menschen „such heavy
burdens in the graves" zu legen; diesen soll Hiawatha abschaffen.

Das Ganze ist einer Erzählung entnommen, die betitelt ist:
„Git-Chee-Gau-Zinee,
or
The Trance,"[1]
G.-Ch.-G.-Z. war scheintot und hatte einen sonderbaren Traum.
Als er wieder zum Leben erwachte, berichtete er seinen Verwandten die Abenteuer, die er in diesem Traume erlebt hatte,
während er auf der grossen Heerstrasse der Toten der Heimat
der Glückseligen zuwanderte.

Unter anderem berichtete er, dass „all whom he met with
were heavily loaden with implements guns, pipes, kettles, and
other articles," und dass „one man stopped him and complained
of the great burdens he had to carry".[2]

Diesen religiösen „Missbrauch" der Indianer hat Longfellow
schon an einer anderen Stelle des Gedichtes, nämlich bei der
Reise des Chibiabos „Down the pathway of the dead men"
[Ges. XVI., V. 188] dichterisch verwerthet [Ges. XVI., V. 196
bis 208], und mag diese Stelle sozusagen als Vorbereitung für
den reformatorischen Vorschlag der Geister betrachtet werden.

Die Bitte der Geister um ein vier Tage währendes Feuer
auf den Gräbern der Dahingeschiedenen ist einer ähnlichen Erzählung entlehnt,[3] in welcher die Abenteuer der Seele eines
Häuptlings berichtet werden, der im Kampfe „received an arrow
in his flesh and fell as if dead".

Wieder zum Bewusstsein gekommen, gab dieser Häuptling
einen ausführlichen Bericht über alles, was er auf seiner Fahrt
ins Land der Toten gehört und gesehen hatte, und schloss seine
Erzählung damit, dass er sagte: „that it is pleasing to the spirits
of the dead to have a fire lit up on their graves, after their
burial. He gave as a reason, that it is four days' travel to the
place appointed for the residence of the soul, and it requires

---

[1] *Algic Researches* II., p. 127—131 (From the Ojibway).

[2] Ibidem, p. 130. Was die indianische Sitte anbelangt, mit den Leichnamen verschiedene Artikel zu begraben, siehe auch *History of the Indian Tribes* I., p. 355, 356.

[3] „The Grave Light" oder „Adventures of a Warrior's Soul". *Algic Researches* II., p. 233—239. (From the Ojibway.) In *Oneóta*, p. 118, findet sich die nämliche Erzählung in gekürzter Form.

38

a light every night at the place of its encampment. If the friends of the deceased neglect this rite, the spirit is compelled to build a fire for itself."[1])

Die Insel der Glückseligen. Im „Hiawatha" finden sich ausser den bereits berichteten religiösen Mythen noch die Fragmente verschiedener anderer, so namentlich in der Schilderung der Reise des Chibiabos ins „Island of the Blessed", welche als Ganzes zwar unecht, in ihren Bestandteilen jedoch echt indianisch ist. Der Kürze halber wollen wir die entsprechende Stelle anführen und zugleich die entsprechenden Quellen in den Fussnoten feststellen:

„Four whole days he journeyed onward [2])
Down the pathway of the dead men,[3])
On the dead-man's straw-berry feasted,[4])
Crossed the melancholy river,[4])
On the swinging log he crossed it,[4])
Came unto the Lake of Silver,[5])
In the Stone Canoe was carried,[5])
To the Islands of the Blessed."[5])

---

[1]) *Algic Researches* II., p. 238. Was den Sinn dieses Feuers und den logischen Widerspruch anbelangt, der in diesem religiösen Ritus der Indianer enthalten ist, siehe Brinton, *Myths of the New World*, p. 240, 241. Siehe daselbst p. 73, 74 über die Bedeutung der heiligen Zahl (vier) der Indianer. Indianer. Ausser in den *Algic Researches* hat Schoolcraft die drei obigen Legenden in seiner „*Expedition to the Central Portions of the Mississippi Valley*" (1828) aufgezeichnet. p. 412—421; p. 410—412; p. 404—410.

[2]) Cfr. Anm. 1.

[3]) „The Ojibway believes that his soul or shadow, after the death of the body, follows a wide beaten path which leads towards the west." *History of the Indian Tribes* II., p. 135. Cfr. auch die folgende Anmerkung.

[4]) „We hear them [the Indians of the Algonkin stock] relating with confidence that such and such persons have been dead, and have travelled along the path of the dead, till they have come to the great straw-berry, which lies by the road, the side of a river; they have seen the river itself, some have been passed over it and arrived in the villages of the dead. Dreams of this kind seem to have been frequent among them. But they have most commonly to tell of vexation, annoyance and disappointment. The have come to the great straw-berry at which the Jeebi-ug (ghosts) refresh themselves on their journey.... they have then gone on, they have been much alarmed at the Me-tig-ush-e-po-kit (swinging log) on which they have to cross".... Tanner, *Narrative*, p. 290. Aehnliche Berichte über den nämlichen Mythus siehe Catlin, *Lettres and Notes* II., p. 127.

[5]) Diese Verse verdanken ihre Entstehung einer Erzählung, welche zuerst in *Oneóta*, p. 5, 67, unter dem Titel: „The White Stone Canoe" veröffentlicht wurde, und später nochmals in der *History of the Indian Tribes* I., p. 321, 322, unter dem Titel: „The Island of the Blessed, or The Hunter's Dream" erschien. Wir wollen den Hauptinhalt der Erzählung kurz anführen:

Ein junger, schmucker Jäger, dessen Braut am Hochzeitstage plötzlich verschied, wurde von diesem traurigen Verlust tief darniedergebeugt. Sein Lieblingsgang war von da ab zu dem Platze, wo die Frauen seine Geliebte beerdigt hatten. Einstmals als er wiederum am Grabe sass, hatte er einen

Astronomische Mythen.

Es dürfte wohl kaum ein Volk geben, dessen Erstlingsversuch in mythologischer Dichtung nicht irgend eine Erscheinung aus der astronomischen Welt zum Gegenstand hatte. Ebenso verhält es sich mit den Indianern, deren grösster astronomischer Mythus der von Quetzalcoatl, Manabozho oder Michabou nichts anderes ist als der gewöhnliche Naturmythus vom Sieg der Sonne über die Nacht, dem Sieg der Nacht über die Sonne und dem jährlich sich erneuenden Kampf zwischen Winter und Sommer. Im Laufe der Zeit freilich geriet die eigentliche Bedeutung des Mythus in Vergessenheit und eben darum ging auch dessen natürliche Schönheit infolge von zahlreichen entstellenden Zuthaten verloren.

Ausser diesem bedeutendsten Mythus besitzen die Algonkins einige andere der nämlichen Gattung. Dazu gehört der von Ojeeg Annung,[1]) den Longfellow den „marvellous storyteller" vortragen lässt. [Ges. XVI., V. 27 sq.]

Ojeeg Annung.

In Longfellows Version ist jedoch alles Nebensächliche verschwunden und nur ein Auszug aus dem Hauptereignis übrig geblieben, weshalb wir es nicht für unangebracht halten, des rechten Verständnisses halber einen kurzen Auszug aus der Mythe anzuschliessen:

Am Südgestade des Lake Superior lebte einst ein berühmter Jäger und Manito, namens Ojeeg. Er hatte einen Sohn, dessen grösster Ehrgeiz darin bestand, es dem Vater in der Jagdkunst gleich zu thun. Darin war ihm aber die grosse Kälte und der tiefe Schnee im höchsten Grade hinderlich. Das betrübte ihn tief. Da tröstete ihn eines Tages ein kleines, rotes Eichkätzchen durch die Mitteilung, wie er ewigen Sommer schaffen könnte.

---

schönen Traum, in welchem er sich mit dem Gegenstande seiner Liebe im „Island of the Blessed" wieder vereinigt sah.

Eine Beschreibung der Abenteuer, die der Jäger vor seiner Ankunft daselbst erlebte, liegt ausserhalb unseres Planes; wir wollen daher nur noch die Stelle zitieren, aus welcher die obigen Verse entlehnt sind:

„When he had travelled half a day's journey through a country which was continually becoming more attractive, he came to the banks of a broad lake, in the centre of wich was a large and beautiful island. He found a canoe of white shining stone, tied to the shore." ....

Eine Erklärung des mythologischen Sinnes dieses hochpoetischen Mythus findet sich in Brinton, *Myths of the New World*, p. 249 sq.

[1]) *Algic Researches* I., p. 57—66: „Ojeeg Annung or the Summer-Maker." — „There is a group of stars in the northern hemisphere which the Ojibways call Ojeeg Annung, or the Fisher Stars. It is believed to be identical with the group of the Plough." Ibidem p. 57, Anm. — „*Ojeeg-annung-wug* — Fisher Stars. The bright stars in Ursa maior, and one beyond which forms the point of the Fisher's nose." Tanner, *Narrative*, p. 322. Ojeeg heisst „Fisher", „an expert, sprightly little animal common to the region." *Algic Researches* I., p. 57.

Zu Hause angelangt, weinte und schluchzte er unaufhörlich, dem Rate des Eichhörnchens gemäss, bis er endlich dem Drängen seines Vaters nachgebend, diesem den Grund seines Kummers mitteilte. Der versprach ihm, seinen Wunsch womöglich zu erfüllen und ewigen Sommer zu schaffen. Am nächsten Tag lud er seine Freunde, die Otter, den Biber, Lux, Dachs und Vielfrass zu einem dreitägigen Festmahl, nach dessen Verlauf sie aufbrachen. Nach zweimal zwanzigtägiger Reise kamen sie zu einem sehr hohen Berg, auf dessen höchstem Gipfel sie ihre Pfeifen rauchten und den Grossen Geist anriefen.

Dann machte die Otter den ersten Versuch, mit dem Kopfe eine Oeffnung in das Himmelsgewölbe zu machen, welches ganz nahe schien. Aber vergeblich! Keinen besseren Erfolg hatte der Sprung des Biber, Lux und Dachs.

Der Vielfrass wiederholte seinen Sprung dreimal, das dritte Mal mit Erfolg. Er drang in den Himmel ein und der „Fisher" folgte ihm schnell nach.

Sie sahen sich auf einem schönen Gefilde, wo ewiger Frühling herrschte. Die Wohnungen der Himmelsbewohner waren leer, nur Vogelkäfige mit Vögeln jeder Gattung und Grösse hingen an denselben.

Ojeeg öffnete diese Käfige; da flogen die schönen Vögel durch die Oeffnung im Himmelsgewölbe und mit ihnen rauschte die warme Frühlingsluft hinab.

Bei diesem Anblick stiessen die Himmelsbewohner einen donnerähnlichen Schrei aus, doch zu spät! Frühling, Sommer und Herbst waren schon fast ganz aus dem Himmel entschwunden.

Bei dem Schrei entfloh der Vielfrass und liess den „Fisher" allein zurück, der in seiner Arbeit fortfuhr.

Nachdem die Himmelsbewohner die Oeffnung eiligst verstopft hatten, griffen sie den „Fisher" an und töteten ihn nach einer langen Verfolgung durch einen Pfeilschuss. Sein pfeildurchbohrter Leichnam ist noch jetzt am Himmel zu sehen.[1]

Der dritte Gesang verdankt ein gut Teil seiner Schönheit mehreren astronomischen Mythen, welche die gute Nocomis dem kleinen Hiawatha zur Befriedigung seiner kindlichen Wissbegierde erzählt. Es sind dies:

„The Death-dance of the Spirits" [V. 90—93],
„The Pathway of the Ghosts" [V. 94—97],
„The Woman in the Moon" [V. 121—126],
und der schöne, wenngleich unechte Mythus vom „Rainbow" [V. 130—135]. (Letzterer ist ein Mythus aus der physikalischen Astronomie).

---

[1] Nach J. G. Müller ist der „Summer-maker" ein Stern, bei dessen Erscheinen die warme Jahreszeit in jenen Gegenden beginnt. *Geschichte der amerikanischen Urreligionen*, p. 57.

Da die Originale dieser Mythen oder doch wenigstens jene Teile derselben, die unsere Dichtung angehen, durchaus skizzenhafter Natur sind — der Dichter selbst gibt der Anlage des Gesanges entsprechend ebenfalls nur skizzenhafte Darstellungen derselben — so wollen wir eben diese uns interessierenden Stellen ungekürzt anführen.

„The aurora borealis is a body of dancing spirits, or rather ghosts of the departed." [1] **Totentanz der Geister.**

.... „of the aurora borealis which they call the dance of the dead." [2]

Höchst wahrscheinlich hat Longfellow diese beiden Versionen mit einander verschmolzen, wenn anders wir aus der Schreibweise so schliessen dürfen. „Death-dance of the spirits" entspricht fast wörtlich einer Zusammenziehung aus „dance of the dead" und „dancing spirits". [3]

Die Milchstrasse, welche allnächtlich das Himmelsgewölbe durchzieht, war nach dem Glauben der Algonkins die Strasse, welche zu den Wohnplätzen der Abgeschiedenen führte und hiess: „path of the souls": **Strasse der abgeschiedenen Seelen.**

„Ils (les Algonquins) appellent la voye lactée, Tchipäi mes kenan, le chemin des âmes, pource qu'ils pensent que les âmes se guindent par cette voye pour aller en ce grand village." [4]

Das Märchen von 'der „Frau im Mond" ist ursprünglich eine Episode, welche uns in der „Wyandot (Huron) Tradition of the Creation" [5] berichtet wird. Wir geben im folgenden einen kurzen Auszug aus dieser „Tradition", soweit sie für uns von Belang ist: **Die Frau im Monde.**

..... Gott schuf auch „Good" und „Evil". Sie waren Brüder. Da aber „Evil" sich immer damit abgab, seines Bruders gute Werke zu vernichten, so beschloss der letztere, ihn aus der Welt zu schaffen. Nachdem ihm das geglückt war, kehrte er triumphierend zur Hütte seiner Grossmutter zurück. Aber diese war schlecht gelaunt, so wie sie ihm gegenüber immer war, denn sie war voll Hass gegen ihn und voll Liebe für den getöteten Bruder. Als „Good" seine Grossmutter am nächsten Tag in keiner besseren Gemütsstimmung fand, „he took her and cast

---

[1] *Oneóta*, p. 434; siehe auch *Expedition to Itasca Lake*, p. 206.
[2] Tanner, *Narrative*, p. 322.
[3] Von grösserem Interesse ist der Umstand, dass diese Mythe wahrscheinlich nördlichen Ursprungs ist: die Eskimos haben nämlich eine ähnliche Mythe: „Das Nordlicht ist nach ihrem Glauben eine Menge abgeschiedener Seelen, die mit dem Kopfe eines Wallrosses Ball spielen." Paul Egede, *Nachrichten von Grönland*, p. 88; siehe auch p. 123.
[4] *Relations des Jésuites*, VI, p. 180, cfr. Brinton, *Myths of the New World*, p. 244.
[5] *Oneóta*, p. 207—211.

her up and she flew against the moon upon whose face the traces of her are still to be seen."[1])

Der Regenbogen. Die Sage vom Regenbogen ist wohl eine dichterische Umgestaltung der folgenden Episode:
„The mouse obtained celestial elevation by creeping up the rainbow, which Indian story makes a flossy mass of bright threads, and by the power of gnawing them, it relieved a captive in the sky."[2])

Der Komet. Unter allen Himmelserscheinungen zeigte die Nocomis ihrem Pfleglinge zuerst:

— — — „Ishkoodah, the comet,
Ishkoodah with fiery tresses!"
[V. 88, 89.]

Obgleich dieser Zug durchaus nicht mythologischer, sondern rein astronomischer Natur ist, mag es uns erlaubt sein, dessen Quelle hier festzustellen.

Die zwei obigen Verse sind nichts anderes, als eine poetische Uebersetzung des Ojibway-Kompositums: „*Wah-ween-e-kis-e-mah-guk Ishkoodah*"; das heisst wörtlich auf Englisch: „fire that has hair".[3])

Daraus ersehen wir, wie geschickt der Dichter dieses plumpe Kompositum verwertet hat. Während er nämlich den ersten Teil ins Englische übersetzt hat mit „with.... tresses", hat er nur das letzte Wort „*Ishkoodah*" aus dem Ojibway-Dialekt genommen, welches „fire" bedeutet; das Adjektiv „fiery" in „with fiery tresses" ist darum als dichterischer Pleonasmus zu betrachten.

An dieser Stelle müssen wir zwei weitere Mythenfragmente erwähnen, welche zwei mythifizierte Erscheinungen aus der physikalischen Astronomie zum Gegenstande haben.

Keewaydin. Besiegt verspricht Mudjekeewis seinem Sohne:
„I will share my kingdom with you,
Ruler shall you be thenceforward
Of the North-westwind Keewaydin
Of the home-wind, the Keewaydin."
[Ges. IV., V. 231—234.]
und Hiawatha scheidet wirklich:
„To the regions of the home-wind
Of the North-westwind Keewaydin."
[Ges. XXII., V. 243, 244.]

---

[1]) *Oneóta*, p. 208, 209.
[2]) Ibidem, p. 460.
[3]) Tanner, *Narrative*, p. 322; siehe ibidem über den Kometen-Aberglauben der Indianer.

Dieser Zug ist den Algic Researches I., p. 23, 24, entlehnt:
„The Ojibways and Algonkins proper, and their numerous progeny of tribes in the west and north-west date their origin in the east, and to this day call the north and north-west winds Keewaydin (the homewind) indicating probably that it blows back on the track of their migration."

Der grimme Kabibonokka hat seine Wohnung

— — — „among icebergs,
In the everlasting snow-drifts,
In the kingdom of Wabasso,
In the land of the White Rabbit."
[Ges. II., V. 130—134.]

und nach seiner Besiegung durch Shingebis kehrt er voll Beschämung heim:

„To the kingdom of Wabasso
To the land of the White Rabbit."
[V. 220, 221.]

Diese mythologische Benennung des Nordens hat der Dichter in der folgenden Episode gefunden:

„The third brother of Manabozho was Wabasso, who as soon as he saw light, fled to the north, where he was changed into a white rabbit, and under that form is considered as a great spirit."[1]

Neben den bisher betrachteten mythologischen Elementen sind noch einige andere im Gedichte enthalten. Es ist jedoch unnötig, deren Quellen eigens festzustellen, da diese schon anderswo in unserer Abhandlung konstatiert sind. Wenn es z. B. im Ges. XIX. heisst, dass die „Ghosts" aus den „realms of Chibiabos" gekommen sind, so ist es klar, dass es sich um den p. 20 zitierten Mythus handelt, worin Chibiabos zum „Ruler of the land of spirits" erwählt wird.

---

[1] *History of the Indian Tribes* I., p. 317. Der ursprüngliche Sinn dieses Mythus ging durch die falsche Ethymologie des Wortes „*Wabasso*" verloren; siehe Brinton. *American Hero-Myths*, p. 41, 32, und *Myths of the New World*, p. 165, 166.

II. Religion und Aberglaube.

Das Hiawathalied ist nicht nur eine dichterische Zusammenstellung von mythischen Sagen und Legenden, sondern es findet sich darin neben diesem Hauptinhalte fast das ganze System des indianischen Gottesglaubens bezw. Aberglaubens verarbeitet. Freilich hat der Dichter, dem Plane des „Hiawatha" gemäss, seinen Lesern keine ausführlichen Mitteilungen über diese reichhaltigen und hochinteressanten Themata machen dürfen, nur hin und wieder konnte er dieselben vermittelst trefflicher Epitheta oder Attribute berühren, oder wohl auch manchmal einen religiösen oder abergläubischen Brauch der Indianer zum besten geben.

Andrerseits enthalten die verarbeiteten Mythen selbst eine hübsche Anzahl derartiger Begriffe, die es uns ermöglichen, einen vollen Einblick in das Religionswesen bezw. den Aberglauben der Indianer zu gewinnen.

Epitheta der Gottheit. Die Vorstellungen, die ein Volk sich von der Gottheit macht, offenbaren sich wohl am deutlichsten in den Namen, mit denen dasselbe das Wesen der Gottheit zu bezeichnen sucht. Von diesem Standpunkt ausgehend, hat Longfellow, wie wir bereits erwähnt haben, eine Anzahl dem Religionssystem der Indianer angehöriger Termini in seine Dichtung verwoben. Es sind dies an erster Stelle die häufig vorkommenden Ausdrücke:

„Great Spirit"[1] |cfr. G. I., V. 97, 150; G. XIV., V. 50, 111.|,
„Gitche Manito[1]), (the Mighty)" |cfr. G. I., V. 3, 30, 55, 79, 149; G. XIV., V. 46.|.
„Mitche Manito[1]), (the Mighty)" |cfr. G. XIV., V. 52.|.
„Master of Life[2])" |cfr. G. I., V. 4, 98, 141, 158; G. V., V, 28, 40, 52, 63; G. XIV., V. 47.|.
und „Creator[2])" |cfr. G. I., V. 80, 150; G. XIV., V. 111; G. XIX., V. 26|.

---
[1]) Brinton beweist, dass die Namen „Great Spirit", „Gitche Manito", „Mitche Manito" und ähnlich lautende modernen Ursprungs sind. Nach seiner Ansicht sind sie durch die Missionäre und zwar in dem jetzt herrschenden Sinne eingeführt worden. *Myths of the New World*, p. 52.

[2]) Die Termini „Master of Life", „Creator" und andere ähnliche sind nach Brinton „of undoubted indigenous origin;" sie sind „terms of laudation and magniloquence used by the priests and devotees of every several god to do him honour." *Myths of the New World*, p. 57, 58.

Alle diese Begriffe und Erklärungen derselben finden sich bei Schoolcraft, Oneóta, p. 343; die Schreibweise Longfellows weicht jedoch von der daselbst gegebenen bedeutend ab. Er gebraucht die bei Tanner und auch in einigen anderen Schriften Schoolcrafts übliche, so dass die Quellenangaben hier nur relativer Natur sein können. Es möge uns darum erlaubt sein, einige Erläuterungen über den Sinn der obigen Termini anzufügen; dieselben sind Longfellows Hauptgewährsmann entnommen:

„The term Great Spirit conveys to the Chippeway, just as much the idea of a bad as of a good spirit; he is unaware of any distinction, until it is explained to him. The former must, as a general rule, be inferred when the term „gezha" (gitche) is not prefixed."[1])

„The Indians of America worship the being of a universal God or Manito,[2]) who is called in the North the Great, Good or Merciful Spirit. To this power they oppose an antagonistical Great, Evilminded Spirit who is constantly seeking to destroy and overturn all good and benevolent measures. This evil power or Matche (Mitche) Manito, is represented or symbolized often by the serpent."[3])

Der Ausdruck „Master of Life" kehrt bei den verschiedenen Schreibern über die Indianer oft wieder; ja er wird in den Mund des Grossen Geistes selbst gelegt. So liest man im Berichte über die Belagerung von Detroit: . . . . „in order to obtain a complete sway over the Indians, Pontiac related in the council the story of a Loup Indian (Lennape) who had made a journey to heaven and spoken to the Master of Life . . . . . . The Indian being seated, God said to him: ‚I am the Master of Life . . ."[4])

Ueber das Epitheton „Creator" belehrt uns Schoolcraft: „The Ojibway-Algonquins believe that the Great Spirit created the material matter, and that he created the heavens and the earth by the power of his will. He afterwards made animals and men, out of the earth, and he filled space with subordinate spirits, having something of his own nature . . . . He made one

---

[1]) *History of the Indian Tribes* I., p. 359, Anm. siehe auch p. 34, II.
[2]) Das Algonkin Wort „*Manito*" bedeutet wörtlich „that which is above the natural world", cfr. Int. „superi" . . . Brinton, *Myths of the New World*, p. 45 sq.
[3]) *History of the Indian Tribes* I., p. 38, 21) siehe auch p. 15, 6; 16, 7; 16, 8; 17, 3; 35, 12; 49, 1; 317, 320; siehe ferner Copway, *Traditional History of the Ojibway Nation*, p. 151—165.
Wir nehmen hier hauptsächlich auf Schoolcraft Bezug, weil der Dichter ohne Zweifel seine Werke benutzt hat; aber wir verweisen zugleich auf Brinton, der sich über die *History of the Indian Tribes* folgendermassen äussert: „The information from original observers it contains is often of real value, but the general views of aboriginal history and religion are shallow and untrustworthy in the extreme." *Myths of the New World*, p. 40.
[4]) *History of the Indian Tribes* II., p. 243, 245; siehe ferner p. 88, 71 und *Oneóta* p. 428.

great and master spirit of evil to whom he also gave assimilated and subordinate evil spirits ...."[1])

Manitoes. Neben dem Grossen Geiste und seinem Gegner, der Schlange figurieren in unserem Gedichte noch die Gestalten einiger untergeordneter, indianischer Götter. Es braucht nicht eigens betont zu werden, dass dieselben nichts anderes darstellen als personifizierte Naturgewalten. Sie werden gewöhnlich unter dem allgemeinen Begriff „Manitoes" zusammengefasst.

„To the Indian mind many of the phenomena of nature, which are familiar to persons of even the lowest-rank of information in civilized life, are invested with the functions and attributes of a god. Whatever in fact is mysterious, abstruse or unknown, in nature or art is referred to this power of a deity."[2])

Schoolcraft berichtet weiter:

„There are malignant as well as benevolent Manitoes .... The Evil Manito is constantly exercising his power to counteract and overreach the Good .... The Great Spirit is believed to rule the earth and the sky, but he leaves these two antagonistical powers of Manitoes to war with each other [cfr. die Ermordung des Chibiabos durch die „Manitoes of mischief" Ges. XV., V. 1—8 und V. 35—43] and to fill the world with turmoils."[3])

Unktahe. Zu dieser Klasse müssen wir Unktahe, den Gott der Dacotahs rechnen, der bei Longfellow mit den Evil Spirits verbündet ist [Ges. XV., V. 40—42], während nach der mythologischen Ueberlieferung diese allein den Chibiabos ermorden.

Unktahe ist — und diese Rolle teilt ihm auch Longfellow zu — der Gott der Wassers:

„The Dacotahs say that this god and its associates are seen in their dreams. It is the master-spirit of all their juggling and superstitious belief. From it the medecine-men obtain their supernatural powers and a great part of their religion springs from this god."[4])

Die Götter der Dacotahs. Die Götter der Dacotahs, die Longfellow in Gesang X. erwähnt:

„Very spacious was the wigwam,
Made of deer-skin, dressed and whitened,
With the gods of the Dacotahs,
Drawn and painted on its curtains."

[V. 139—142.]

---

[1] *Oneóta.* p. 242; siehe auch p. 248 und *History of the Indian Tribes* vol. I., p. 34, 11, 35; III., p. 60, 12; siehe ferner Catlin, *Letters and Notes* I., p. 6.
[2] *History of the Indian Tribes* II., p. 224; siehe auch I., p. 34, 11 und III., p. 327.
[3] *History of the Indian Tribes* I., p. 34, 11; und *Oneóta.* p. 457.
[4] Ibidem III., p. 485; siehe auch Tafel 36, p. 35; worauf dieser Gott und seine Genossen abgebildet sind.

sind neben dem oben genannten Unktahe, Chah-o-ter-dah, der Waldgott und dessen Todfeind, der Donnergott.¹)

In der Erzählung vom „Son of the Evening-Star" haben wir den Ursprung der Elfen und beim Tode Kwasinds die Art ihrer Thätigkeit kennen gelernt. *Elfen.*

Der Glaube an Elfen findet sich bei allen Indianerstämmen. Die folgende Stelle, die Schoolcraft über den Elfenglauben der Dacotahs aufgezeichnet hat, informiert uns ebensowohl über diesen allgemein indianischen Glauben:

„The Dacotahs believe in fairies of the water, and say they often see them in all shapes of animals; they think them vicious and consider it an omen of some calamities that is to befall them. They believe there are fairies of the land as well as of the water."²)

Die Betrachtung mehrerer in den Hiawatha aufgenommener Legenden lässt mit solcher Sicherheit auf den Glauben der Indianer an die Unsterblichkeit der Seele und an ein jenseitiges Fortleben derselben schliessen, dass es fast überflüssig erscheinen möchte, auf diesen Punkt näher einzugehen. Dennoch können wir uns nicht enthalten, darauf hinzuweisen, in welch hohem Grade gerade die von Longfellow ausgewählten Legenden, sowie die in Verbindung mit denselben zur Darstellung gelangten Totenbräuche die Eigenschaft besitzen, dem Leser eine vollkommene Kenntnis von diesem Teile der indianischen Metaphysik zu gewähren. *Seele, Leben im Jenseits.*

Interessant ist eine diesbezügliche Mitteilung Schoolcrafts, welche dem Dichter bei der Schilderung vom Begräbnis der Minnehaha [Ges. XX.] zweifelsohne vorgelegen hat:

„The doctrine of immortality of the soul is distinctly taught by most of the North American Indians. No one can have been a witness of their funerals, and heard the adress which it is customary to make to te corpse, while it is lying dressed out, ready for burial, in the best of habiliments without being strongly impressed with this idea. And the customs and observances connected with its interment on elevated dry ground, with the implements and ornaments to life, and the lightning of the symbolical fire for several nights on the grave, appear to denote that the soul is believed to be observant of the re-

---

¹) *History of the Indian Tribes* III., p. 486. Der Glaube der Dacotahs über die Natur des Donners ist sehr interessant. Sie sagen: „... thunder is a large bird flying through the air and the noise we hear is the fluttering of the old and young birds. The old once commence the noise and the young ones carry it on." Ibidem s. auch p. 156. — Weitere Berichte über die Götter der Dacotahs finden sich bei Mrs. Eastman. *Dacotah*, p. 208—243.

²) Ibidem III., p. 155.

spect paid to the body, and that a reunion of the two is believed in."[1])

Ein auffälliger Zug der indianischen Metaphysik, den auch Longfellow nachgezeichnet hat — er singt nur von dem schönen „Island of the Blessed" und nie von einem Wohnorte der Gottlosen nach dem Tode — ist nach Schoolcraft der Mangel einer indianischen „Hölle".

„They speak most emphatically of a future state and appear to have some confused idea of rewards and punishments which are allegorically represented. The leading dogma of their theology is, however, that a future state is destined to reward them for evils endured in this."[2])

Fasten. Unter allen religiösen Uebungen der Indianer ist als die bedeutungsvollste die des Fastens zu erwähnen. Kwasind hat „many days together" gefastet. [Algic Researches II., p. 161, Ges. VI., V. 82.], und Hiawatha selbst fastete sieben Tage [Ges. V., V. 15].

„It is practised among all the American tribes, and is deemed by them essential to their success in life in every situation. No young man is fitted and prepared to begin the career of life until he has accomplished his great fast. Seven days appear to have been the ancient maximum limit of endurance. . . . .

It is at this period that the young men and the young women „see visions and dream dreams", and fortune or misfortune is predicted from the guardian spirit chosen during this to them religious ordeal. The hallucinations of the mind are taken for divine inspiration. . . . . Fasts in subsequent life appear to have for their object a renewal of the powers and virtues which they attribute to the rite."[3]) . . . .

Ausser den eben behandelten Elementen mit entschieden religiösem Charakter lernen wir in unserem Gedichte eine Anzahl anderer kennen, die gewöhnlich unter der allgemeinen Bezeichnung „Aberglaube" zusammengefasst werden.

Vor allem wollen wir jedoch eine kurze Definition der Termini „Meda", „Jossakeed" und „Wabeno" geben, welche mit

---

[1]) *History of the Indian Tribes* III., p 60. 10. Einige andere Berichte finden sich ibidem p. 229; II., 68, 49; 68, 50 (Dualität der Seele). Ibidem I., p. 33, 7; p. 38, 25; *Oneóta*, p. 343. — Siehe auch Tanner, *Narrative*, p. 290—293, und cfr. die eben genannten Legenden „The Grave-light" und „The Trance".

[2]) *History of the Indian Tribes* I., p. 17, 4, 5. — Siehe ferner *Oneóta*, p. 343, 458 und Tanner, *Narrative*, p. 290, 291.

[3]) *Algic Researches* I., p. 148, Fussnote. — Zahlreiche andere Mitteilungen enthalten: *History of the Indian Tribes* I., p. 113; III. p. 493; *Oneóta*, p. 459; Tanner, *Narrative*, p. 288, 289 u. s. w.

fast allen abergläubischen Gebräuchen der Indianer innig verknüpft sind. Diese Ausdrücke begegnen uns bei Longfellow in
Ges. XIV., V. 7, 8, 10; 101, 102, 103;
Ges. XV., V. 87, 88, 89; und
Ges. XXII., V. 112, 113, 114.

„*Medáwin*"¹) [Zauberheilkunst] und „*Jeesukáwin*" [Prophetentum] sind zwei charakteristische, weitverbreitete Institutionen, die sich eines sehr alten Ursprungs und einer ebenso grossen Beliebtheit erfreuen. — „*Meda*" ist eigentlich ein Verb und bedeutet „Zauberei treiben": durch Anhängung der Flektionssilbe „win" wird das Substantiv „*Medáwin*" gebildet. Die geschäftsmässigen Ausüber des *Medáwin* sind nichts anderes als Zauberer, welche zu Genossenschaften vereinigt sind. Sie wollen durch die geheimnisvolle Einwirkung von gewissen mineralischen und animalischen Stoffen, wie kleine Metallplättchen, ausgestopfte Vögel, Knochen, Federn u. s. w., die sich im Innern des Medizinsackes befinden, heilkräftige Wirkungen erzielen, ohne irgend welche natürliche und naturgemässe Heilmittel anzuwenden. Darum betrachtet man die Medas auch als Priester und nicht als Aerzte. ²) **Meda.**

Das Verb „*Jee-suk-a*" bedeutet prophezeien; das davon abgeleitete Substantiv *Jeesukawin* bezeichnet die Kunst zu prophezeien und *Jossakeed* die weissagende Person. — Der Hauptunterschied zwischen dem Meda und dem Jossakeed besteht darin, dass der erstere auf gegenwärtige Zustände oder Begebenheiten einzuwirken sucht, während der letztere sich bestrebt, zukünftige vorherzusagen. **Jossakeed.**

Das Jeesukáwin wird stets von einzelnen, einsiedlerähnlichen Personen ausgeübt, welche überirdische Gewalt zu besitzen vorgeben und sich ausschliesslich an den grossen — sei es guten oder bösen — Geist wenden. Sie operieren fast in der nämlichen Weise wie die Medas, doch besitzen sie von diesen abweichende Zauberformeln und Gesänge.³)

Die Institution der Wabenos [Gaukler] ist neueren Ursprungs und wird als entartete Form der Medamysterien betrachtet. Die Wabenos wählen stets die Nacht zur Aufführung ihrer Mysterien, da viele derselben, die zum grössten Teile nichts anderes als armselige Zauber- und Taschenspielerkunststücke sind, ihre Hauptwirkung durch die Mitwirkung der Dunkelheit erzielen. Sie dauern gewöhnlich bis zur Morgendämmer- **Wabeno.**

---

¹) Wie wir bereits festgestellt haben, soll das Medáwin von den Manitoes eingeführt worden sein, welche den Manabozho nach dem Tode des Chibiabos beruhigen wollten.
²) Cfr. *History of the Indian Tribes* I., p. 358, 359, und III., p. 488, 4.
³) Cfr. Ibidem I., p. 359.

ung.¹) Diese Gesellschaft ist die einzige, welche bei ihren Festlichkeiten Liebeslieder zum Vortrag bringt. Nichtsdestoweniger betrachtet man ihre Mitglieder als Männer von grosser Heiligkeit, Weisheit und Selbstverläugnung und glaubt, dass sie mit Geistern und Göttern in geheimnisvollem Verkehre stehen und Gewalt über Leben und Tod besitzen.²)

Die Musikinstrumente, die bei den Aufführungen dieser drei Institutionen in Verwendung kommen, sind die Handtrommel und die Klapper.³)

Medizintanz. Diese Medas, Jossakeeds und Wabenos setzt Longfellow an Stelle der Manitoes, die der Sage nach den ersten Medizintanz aufgeführt haben.⁴) Er thut das im Gegensatz zur Wirklichkeit, insoferne dieser Reigen nur von den Angehörigen der Medizingesellschaft getanzt wird.⁵)

Ausserdem weichen die im „Hiawatha" enthaltenen Medizingesänge von den indianischen hinsichtlich der Länge⁶) und zum Teil auch des Inhalts ab. Ihre Bestandteile sind zwar echt, aber sie sind ohne Rücksicht auf die Umstände ausgewählt; der Dichter hat sie den verschiedenen Klassen von indianischen Gesängen entnommen und zu einen phantastischen, aber sehr wirksamen Ganzen verschmolzen.

Wie wir schon früher konstatiert haben, sind die Idee des Medizintanzes, die Ausrüstung der Tänzer u. s. w. der Manabozholegende entlehnt.⁷)

Eine Zuthat ist von Longfellow. Er bestimmt nämlich die Qualität des Heiltrankes, der dem Hiawatha gereicht wird. Während derselbe ursprünglich nur von den „choicest medecines" gemacht ist, singt unser Dichter:

„There a magic drank they gave him,
Made of Nahma-wusk, the spearmint
And Wabeno-wusk, the yarrow."
[Ges. XV., V. 106—110.]

Die Namen dieser Ingredienzien finden sich in Tanners Narrative:

„The plants they [the Wabenos] use are the Wabeno-wusk and Pezheke-wusk: the former grows in abundance on the is-

---

¹) Dieser Umstand wird schon durch den Namen *Wabeno* angedeutet, welcher von *Wabun* = Morgenlich tabgeleitet ist. Siehe *History of the Indian Tribes* I., p. 366.
²) Ibidem I., p. 366, 367; III., p. 489. Siehe auch Tanner, *Narrative*, p. 134, 135; 287, 288. Verschiedene Mitteilungen über diese drei Institutionen finden sich auch in den *Algic Researches* I., p. 49.
³) Cfr. Anm. 2.
⁴) *History of the Indian Tribes* vol. I., p. 318.
⁵) Ibidem III., p. 286.
⁶) „As to their songs they have no lengthy ones; 3 or 4 words is about the length of them." Ibidem III., p. 230, 149. Die Kriegs- und Liebeslieder sind umfangreicher.
⁷) Cfr. Anm. 4.

land of Mackinac and is called yarrow by the people of the United States. The other grows in the prairies."[1])

Wabeno-wusk ist eigentlich ein Heilmittel gegen Brandwunden.[1])

Der Dichter ersetzt Pezheke-wusk [Büffelkraut] durch Nahma-wusk[2] [Minzenkraut], da die zwei obigen Pflanzen ausschliesslich als Schutzmittel bei Feuerkunststücken in Verwendung kommen.

Doch wir wollen jetzt zur Feststellung der Quellenelemente der Medizingesänge übergehen. Dieselben sind zum grössten Teil Uebersetzungen indianischer Gesänge, von den indianischen Weisen mit Hilfe der Bilderschrift aufgezeichnet und von Schoolcraft und Tanner gesammelt und übersetzt.

Vor allem erwähnen wir, dass der Wechselgesang, dessen Form Longfellow verwendet, ein charakteristisches Merkmal des Wabenogesanges ist.[3])

Longfellow: [Ges. XV., V. 114—122]:	Quellen:
„I myself, myself behold me!	„Myself, myself behold me and see that I look like yourself."[4])
'Tis the Great Gray Eagle talking;	„This is the gray eagle talking, he will talk."[5])
Come, ye white crows, come and hear him!	„Come ye up, come ye up, white crows."[6])
The loud-speaking thunder helps me	„I can kill any animal because the loud speaking thunder helps me."[7]

---

[1]) Tanner, *Narrative*, p. 135.
[2]) Ibidem, Catalogue of Plants, p. 298. Wabeno-wusk steht auch auf p. 296.
[3]) Ein einzelner Vabeno singt, worauf der „cabalistic chorus" einfällt. [Longfellow hat mystic horus] *History of the Indian Tribes* I., 368—381.
[4]) Diese Zeile ist die Uebersetzung der Figur 15 eines Medizingesanges für die Biberjagd. Tanner gibt uns folgende Erklärung: „This is some great medecine-man, probably the author of the song, who shows himself to the people." *Narrative*, p. 367.
[5]) „Here the doctor speaks in his own person. He compares himself to the gray eagle, whom the Ojibways consider undisputed sovereign among the birds." Der obige Text ist die Uebersetzung der Figur 4 eines Medizingesanges in Tanners *Narrative*, p. 374.
[6]) Uebersetzung der Figur 6, p. 375 in Tanners *Narrative*. Dieser und der vorausgehende Gesang gehören zu den Gesängen eines Medizinmannes, die dieser beim Verabreichen von Medizin an eine kranke Person singt. — Der nämliche Gesang ist in der *History of the Indian Tribes* I., p. 386, Tafel 53, Figur 43 als Jagdgesang aufgezeichnet.
[7]) Uebersetzung der Figur 20 (ein grosser Vogel), p. 358 in Tanners *Narrative*. Die Tafel stellt einen Meda-Jagdgesang dar. Auslegung: „This large bird whose open mouth indicates the power of his voice lives in the clouds and his voice is the thunder (commonly called *animmekee*, but here *ke-kann*); our loud-sounding medecine is strong to give us wind or rain, or whatever state of air may be needful to ensure success in the hunt." Ibidem.

All the unseen spirits help me.
I can hear their voices calling.
All around the sky I hear them!
I can blow you strong, my brother,
I can heal you, Hiawatha!"

"All round the circle of the sky I hear the Spirit's voice."[1]

"I go into the bath, I blow my brother strong."[2]

Longfellow [Ges. XV., V. 125—130]:

"Friends of mine are all the serpents,
Hear me shake my skin of hen-hawk!
Mahng, the white loon, I can kill him;
I can shoot your heart and kill it!
I can blow you strong, my brother,
I can heal you, Hiawatha!"

Quellen:

"Serpents are my friends!"[3] (Eine Schlange.)
"My hen-hawk's skin will fly about."[4]
"I can kill even the white loon."[5]
"I shoot your heart, wary moose! I hit your heart."[6]

Longfellow [Ges. XV., V. 133—140]:

"I myself, myself! the prophet!
When I speak the wigwam trembles,

Quellen:

"Lo! with the sound of my voice, (the prophet's voice) I make my sacred lodge to

---

[1] Uebersetzung der Figur 12. Tafel 51, p. 364 in der *History of the Indian Tribes* I. Die Tafel stellt einen Medagesang dar. Erklärung: „The sky or celestial hemisphere with the symbol of the Great Spirit looking over it. A Manito's arm is raised up from the earth in a supplicating posture."

[2] Uebersetzung von Figur 5, Tafel 51, p. 362 in der *History of the Indian Tribes* I. Der Gesang gehört ebenfalls der Meda an. Auslegung: Der Priester singt, die übrigen schreiten hinter ihm her und schlagen auf ihren Trommeln mit kleinen Schlägern den Takt, während sie sich gemessenen Schrittes um das Badehaus bewegen. Siehe ferner ibidem.

[3] Uebersetzung von Figur 51, Tafel 51, p. 386 *History of the Indian Tribes* I. Dieser Vers ist einem Jagdgesang entnommen. Der nämliche wird von Tanner als Medizingesang überliefert: „Snakes are my friends," *Narrative*, Figur 5, p. 377.

[4] Uebersetzung der Figur 7 eines Medizingesanges, p. 375. Tanner, *Narrative*.

[5] Uebersetzung von Figur 29, Tafel 53, p. 385 *History of the Indian Tribes* I. Die Tafel enthält einen Jagdgesang; die Figur 29 stellt einen von einem Pfeil durchbohrten weissen Taucher dar. Die nämliche Figur findet sich in Tanners *Narrative*, Figur 7, p. 349. Auslegung: „The white loon, rara avis, nigroque simillima cygno, is certainly a rare and most difficult bird to kill. So we may infer that this boaster can kill anything."... Ibidem.

[6] Uebersetzung der Figur 11, Tafel 53 (Jagdgesang), p. 384 *History of the Indian Tribes* I. Einen ähnlichen Gesang berichtet Tanner, *Narrative*, Figur 6, p. 342.

Shakes the Sacred Lodge with
  terror,
Hands unseen begin to shake it!
When I walk, the sky I tread on
Bends and makes a noise be-
  neath me!
I can blow you strong, my
  brother,
I can heal you, Hiawatha."
„Hi-au ha!" replied the chorus,
Way-ha-way!" the mystic chorus.
  [V. 123, 124.]
  [V. 131, 132.]
  [V. 141, 142.]

shake [by unseen hands my
lodge to shake¹)], my sacred
lodge."²)
„The sky or day I tread upon
that makes a noise!"³)

„Hi-au-ha" ist die erste Zeile
eines Chorliedes.⁴) „Way-ha-
way" scheint aus den folgenden
zwei Zeilen zusammengezogen
zu sein: „Wa-ha"⁵) und „Ne-
ah-way"⁶), welche zwei Chor-
lieder einleiten.

Ein anderer abergläubischer Brauch der Indianer, welcher **Zauberkreis.**
nicht minder als der Medizintanz deren Glauben an geheimnisvolle, zauberische Einflüsse erkennen lässt, besteht in dem Ziehen
eines Zauberkreises um die Maisfelder zum Schutze derselben
gegen feindselige Naturkräfte. Dieser Brauch bildet die Grundlage von Gesang XIII. [Segnen der Getreidefelder]. Da Longfellow selbst die hierauf bezügliche Stelle in seinen Anmerkungen
zu Hiawatha⁷) angeführt hat, so wollen wir nur kurz hinzufügen,
dass der Dichter das Wesentliche aus Schoolcrafts Bericht mit
feinem Verständnis ausgewählt und mit dichterischem Kunstsinn
verschönert hat.

Amulette zum Schutze gegen Krankheit oder Zauberei **Amulette.**
waren jederzeit bei den Indianern sehr beliebt und in allgemeiner

---

¹) „The great object with the operator is to agitate his lodge and
cause it to move and shake without uprooting it from its basis. in such a
manner as to induce the spectators to believe that the power of action is
superhuman." *Oneóta*, p. 453. Genaue Mitteilungen über die Bauart und
Ausrüstung der Medizinhütte finden sich ibidem p. 453 sq.; siehe ferner:
History of the Indian Tribes I, p. 359 sq.
²) Dies ist die Uebersetzung eines hieratischen Gesanges (Jeesukáwin),
History of the Indian Tribes I, p. 398. 2.
³) Ibidem, p. 400, 24; es ist die Uebersetzung eines Hymnus an die Sonne.
⁴) Ibidem, p. 369.
⁵) Ibidem, p. 370.
⁶) Ibidem, p. 372.
Anmerkung: Wie bereits erwähnt, sind die meisten anderen Bestandteile des „Medizintanzes" der Manabozholegende entnommen, so auch alles,
was sich auf den Medizinsack und seine Anwendung bezieht. — Eine äusserst
interessante Beschreibung dieses Gegenstandes, der Art und Weise seiner Er-
werbung, sowie zuverlässige Bemerkungen über seinen heiligen Charakter und
seine hohe Bedeutung gibt uns Catlin it. seinen *Letters and Notes* I., p. 36 sq.
⁷) Ausser in *Oneóta*, p. 83, hat Schoolcraft diesen Brauch auch in
seinen „*Memoirs of a 30 Years Residence*", p. 102, aufgezeichnet.

Verwendung.¹) Ja sie glauben sogar, dass Gegenstände dieser Art den Körper dessen, der sie an sich trägt, unverwundbar machen und ihm den Sieg über seinen Feind sichern.²) Ein derartiger Artikel ist das Hemd aus Zauberwampum,³) welches den Megissogwon gegen die Pfeilschüsse und Keulenschläge Hiawathas beschützt. [Ges. X., V. 186—194.]

III. Geographische Elemente im „Hiawatha".

Topographische Geographie.

Seen. Der Schauplatz unseres Gedichtes ist der Lake Superior
Gitche Gumee. und dessen Gestade. An Stelle dieses Namens gebraucht Longfellow jedoch beständig entweder das indianische Wort oder dessen wörtliche Uebersetzung. Beide Ausdrücke entstammen der Oneóta:

Lake Superior⁴) ist der nordwestlichste und grösste unter den grossen Seen. Die Ojibway-Algonkins, welche zur Zeit der französischen Entdeckung seine Ufer bewohnten, heissen ihn Gitch-Igomee,⁵) oder Big-Sea water von *Gitche* = *gross* und *guma*, einem Gattungsbegriff für Wasserkörper.⁶)

„Great Lakes of the Northland." In der Einleitung vernehmen wir, dass die Sagen, Märchen und Erzählungen, die der „Hiawatha" enthält, „From the great

---

¹) Cfr. *History of the Indian Tribes* I., p. 85. 14.
²) Cfr. Ibidem, p. 86.
³) Dieser „wampum" wurde aus der Schale der Venus Mercatorius verfertigt; man glaubte, er besitze einige von den geheimnissvollen Kräften des Meeres. Ibidem.
⁴) „This term appears to have come into general use, at a comparatively early period, after the planting of the English colonies." *Oneóta*, p. 14.
⁵) Longfellow hat *Gitche Gumee* wohl in Anlehnung an die Schreibweise Schoolcrafts in einem Vokabular von Algonkin-Wörtern. Siehe *History of the Indian-Tribes* vol. II., p. 462.
⁶) Siehe *Oneóta*, p. 14; 98. Siehe ferner: Tanner, *Narrative*, p. 64, Anmerkung, wonach „*Kitche-gavme*" (Ottowa-Dialekt) „large lake" bedeutet, ohne Bezug auf Lake Superior. — Schoolcraft, *Memoirs of a Residence of 30 Years*, p. 114, 115. — Copway, *Traditional History of the Ojibway Nation*, p. 6. — Beschreibungen der tiefen Eindrücke, welche die herrlichen Landschaftsbilder von Lake Superior auf den Wanderer machen, sind zu finden bei Schoolcraft, *Travels in the Central Portions of the Mississippi Valley*, p. 352 sqq. *Expedition to Itaska Lake*, p. 16, 17. *Oneóta*, p. 320, 322.

Lakes of the Northland (V. 12) stammen. Eine Aufzählung dieser Seen gibt Tanner:

„Lakes of the largest class are called by the Ottawwaws Kitche gawme; of these they reckon five; one which they commonly call Ojibway Kitchegawme, Lake Superior, two Ottawwaw Kitchegawme, Huron and Michigan, and Erie and Ontario."[1]

Der Terminus „great lakes of the north" kommt einigemale in den Werken Catlins vor, während „Northland" zweifellos der Kalewala entnommen ist, wo es sehr häufig zu lesen ist.

Die Flüsse und Wasserfälle, deren Namen unser Gedicht bereichern, sind ausser dem Mississippi[2]) (Ges. IV., V. 171), der Escouawbaw[3]) [Ges. IV., V. 170], der Pauwating[4]) [Ges. VI., V. 148; VII., V. 139], der Minnehaha[5]) [Ges. X., V. 68; 117; 205], und der Taquamenaw[6]) [Ges. VII., V. 127; 140; XVIII., V. 46]. *Flüsse und Wasserfälle.*

Wie einen geliebten Gegenstand hat Longfellow sein Gedicht mit allem Schmucke geziert, der im Stande ist, dessen Aussehen zu veredeln, ohne es indessen mit unpassendem Zierat zu überladen. Einen Schmuck dieser Art bilden die drei Namen der durch Naturschönheit sowohl als durch geschichtliche Erinnerung ausgezeichneten Thäler: Tawasentha [Einl. V. 41; 58; Ges. I., V. 42], Wyoming [Ges. I., V. 43] und Tusculoosa [Ges. V., V. 44]. *Thäler.*

---

[1] *Narrative.* p. 64. Anm.
[2] Eine ethymologische Erklärung des Wortes Mississippi enthält Schoolcrafts *Cyclopedia Indianensis*, p. 13, 14.
[3] Der Escouawbaw ist ein Strom im nördlichen Michigan, welcher sich in die Green Bay, Lake Superior, ergiesst [cfr. Reuleaux, p. 192]. Leider ist es dem Verfasser nicht gelungen, die Stelle zu finden, der dieser Name entnommen ist.
[4] Der Pauwating ist ein anderer Nebenfluss des Lake Superior. „When the French first came to these falls (Sault Ste. Marie), they found the Chippeways the falls signifying descriptively, Shallow water pitching over rocks, or by a prepositional form of the term, at the place of shallow waters pitching over rocks. Such is the meaning of the word Pawateeg or Pawating." Schoolcraft. *Memoirs of a Residence of 30 Years*, p. 114. — Siehe ibidem eine Beschreibung dieser Fälle. Die Schreibweise „*Pauwating*" stimmt mit der in der Erzählung von Kwasind Algic Researches II. überein; sie begegnet uns auch in *Oneóta*, p. 434, neben *Bawating* u. s. w.
[5] Unter „Minne-hah-hah" (Dacotah-Dialekt) oder „lachende Wasser" versteht man die sogenannten „Little Falls" zwischen Fort Snelling und den „Falls of St. Anthony." Die „lachenden Wasser" sind 40 Fuss hoch und befinden sich an einem Nebenfluss des Mississippi. Siehe Mrs. Eastman, *Dacotah*, Einl. p. II, wie durch Longfellow selbst festgestellt.
[6] Der Taquamenaw ist ebenfalls ein Zufluss des Lake Superior, er besitzt viele Fälle, wie z. B. die sog. „Fairy Rocks". Schoolcraft gibt einen interessanten Bericht von diesem Strom und seinen Fällen in den *Personal Memoirs of a Residence of 30 Years*, p. 193, doch schreibt er daselbst *Taquimenon*.

Tawasentha. Newadaha „the sweet singer," dem Longfellow seinen Hiawatha abgelauscht hat, wohnte
„In the Vale of Tawasentha." Einl. V. 41.

Dieses Thal, welches im Volksmunde auch die Namen Normanskill[1]) und Hongerkill führt, liegt in Albany County, New-York. An einem der schönen Nebenflüsse des Tawasentha, welcher das Thal gleichen Namens durchströmt, lag das Dorf Hamilton, woselbst Newadaha alias Schoolcraft seine Jugendzeit verbrachte.[2])

Im Gesange I., V. 42—46, bestimmt Longfellow durch eine Art poetisch-geographischen Ueberblicks über die bekanntesten Orientierungspunkte in den Vereinigten Staaten die Wohnplätze der verschiedenen Stämme, welche das Versammlungszeichen des grossen Geistes erblickten. Ausser von den Rocky Mountains, den Seen und Flüssen des Nordens und dem eben genannten Tawasenthathal ist die Rede von zwei weiteren Thälern, namens Wyoming und Tusculoosa.

Wyoming. Das schöne und durch das „Indian massacre" zu trauriger Berühmtheit gelangte Wyomingthal ist das Heimatland Catlins,[3]) dessen Aufzeichnungen unser Dichter nach Schoolcraft am meisten verdankt, weshalb wir wohl annehmen dürfen, dass der Dichter die Namen dieser zwei Thäler nicht blos aus geographischem Interesse hinter einander gesetzt hat. Das Thal liegt im Staate Pensylvania.[4])

Tusculoosa. Tusculoosa oder der „schwarze Krieger" war ein indianischer Häuptling von hervorragendem Mute und hoher Einsicht. Er fiel am 18. Oktober 1540 in einem Verzweiflungskampfe der Eingeborenen gegen die Spanier unter De Soto. Seit der Zeit trägt ein Fluss und dessen Thal in der Grafschaft Alabama seinen Namen.[5])

Gebirge. Côteau des Prairies (Mountains of the Prairie) und Red Pipe-Stone Quarry. Wenn Gitche Manito die Volksstämme zusammenruft, steht er
„On the Mountains of the Prairie,
On the great Red Pipe-Stone Quarry."
Ges. I., V. 1, 2.

„The position of the Red Pipe-Stone Quarry is in a direction nearly West from the Falls of St. Anthony, at a di-

---

[1]) Dieser Name ist irokesisch und bedeutet „hill of the dead", Schoolcraft, *Central Portions of the Mississippi Valley*, p. 647.
[2]) *Memoirs of a Residence of 30 Years*, p. XXIII.; siehe auch *Oneóta*. p. 374 sq.
[3]) Cfr. Catlin, *Letters and Notes*, I., p. 1, 2.
[4]) Cfr. Catlin, „Map of Localities in 1840".
[5]) *History of the Indian Tribes* III., p. 42 sq., und *Oneóta*. p. 37. Der Name ist von *Tusca* = Krieger (Muscogee-Dialekt) abgeleitet, *History of the Indian Tribes* III., p. 507. — Cfr. auch *Oneóta*, p. 37; *tusha* = Krieger (Chocta-Dialekt) und *lusa* = schwarz (Chocta-Dialekt).

stance of 300 miles, on the summit of the dividing ridge between the St. Peters and the Missouri rivers, being about equidistant from either. This dividing ridge is denominated by the French „Côteau des Prairies", and the Red Pipe-Stone Quarry is situated near its southern extremity, and consequently not on its highest elevation, as its general course is north and south, and its southern extremity terminates in a gradual slope." [1]) Longfellow hat Côteau des Prairies mit dem oben citierten Mountains of the Prairie übersetzt.

Pictured Rocks.

Die Sage berichtet, dass Pau-Pauk-Keewis, von seinem Verfolger Manabozho aufs äusserste bedrängt, in einiger Entfernung einen sehr hohen, in den See vorspringenden Felsen erblickte. Hilfesuchend eilte er dahin und wurde von dem darin hausenden Manito eingelassen. [2])

An Stelle dieses Felsvorsprunges hat unser Dichter die Pictured Rocks gesetzt und dadurch die Schönheit der Erzählung sehr erhöht; die Pictured Rocks bilden nämlich den Gegenstand allgemeinster Bewunderung wegen ihrer wunderlichen und äusserst malerischen Felsbildungen und des auffallend schönen Farbenspieles derselben.

Die Pictured Rocks waren der Ueberlieferung nach der Schauplatz vieler Abenteuer des Manabozho, weshalb die vom Dichter vollzogene Kombination sehr nahe gelegen erscheint. [3])

Thunder Mountains.

Von den Thunder Mountains hören wir zum ersten Mal beim Tode des Pau-Pauk-Keewis. Die Mythen erzählen von einem schrecklichen Donnerwetter, welches bei dieser Gelegenheit statt hatte, ohne jedoch den Ausgangspunkt desselben näher zu bezeichnen. Einen solchen boten dem Dichter die obigen Berge wohl hauptsächlich ihres passenden Namens wegen.

Die Thunder Mountains liegen am nördlichen Ufer des Lake Superior und ähneln auffallend einem Löwen, der sich niederduckt, um nach seiner Beute zu springen. [4])

Nagow Wudjoo.

Wie wir bereits früher gesagt haben, lässt Longfellow den Tanz des Pau-Pauk-Keewis zur mythischen Entstehungsursache der Landdünen am Lake Superior werden. Nach seiner eige-

---

[1]) Catlin, *Letters and Notes* II., p. 171, Tafel 270; siehe ferner p. 201—206.
[2]) Cfr. *Alpic Researches* I., p. 218.
[3]) Longfellow zitiert als seine Quelle: Foster and Whitney, *Report on the Geology of the Lake Superior Land District* part II., p. 124; wir verweisen ausserdem auf *Oneóta*, p. 320; 325—328; *History of the Indian Tribes* I., p. 169, 170, und Copway, *Traditional History of the Ojibway Nation*, p. 15 sq.
[4]) Cfr. Copway, *Traditional History of the Ojibway Nation*, p. 12. Jedenfalls hat dem Dichter das eben genannte Werk von Foster and Whitney vorgelegen, welches uns leider nicht zur Verfügung gestanden ist.

nen Angabe hat er sich aus dem Werke von Foster und Whitney über diese Nagow Wudjoo informirt; wir verweisen ferner noch auf Oneóta, p. 321; History of the Indian Tribes I., p. 66 und Copway, Traditional History of the Ojibway Nation, p. 7.

Physikalische Geographie.

Hiawatha scheidet von seinem Volke, umflutet vom Lichtglanz der untergehenden Sonne. Wenn der Dichter zu diesem Gedanken wohl auch hauptsächlich durch Hiawathas Wesenheit als Sonnengott angeregt wurde, so dürfte er vielleicht nicht weniger unter dem Einflusse der folgenden Schilderung von der Schönheit der Lichtreflexe im Lake Superior gestanden haben:

„The phenomena of light as seen on these lakes offer a still more familiar instance of changes in the position of matter without adding to or dimiminishing its bulk. And in this as in other departments of physical forms, while the instances vary, there are no evidences to show that in the resplendent refractions that visit these lakes — in their curious mirages, and boreal displays and brilliant sunset scenes, there ever was a combination which did not vindicate the wisdom, exactitude and beauty of nature's laws."[1])

Fernere hauptsächlich geographische Elemente.

Das Verzeichnis der verschiedenen Stämme, welche dem Rufe Gitche Manitos gehorchen, darf man mit vollstem Recht ein Meisterwerk poetischer Gruppierung heissen. Bei der Anlage desselben bestimmten den Dichter hauptsächlich geographische Gründe, doch haben auch solche historischer und politischer Natur mitgewirkt. Jeder Vers dieses Verzeichnisses enthält nämlich die Namen von zwei Stämmen, deren gegenseitiges Verhältnis entweder das der Nachbarschaft, Freundschaft, oder Feindschaft und auch gemeinsamen Unglücks ist oder vielmehr war. Wir nehmen hiebei Bezug auf Longfellows Quellen, da infolge der „bad American policy of removing the tribes" die geographische und nicht minder politische und sociale Lage derselben, soweit sie überhaupt noch existieren, eine ganz veränderte ist. Der Einfachheit halber wollen wir wieder diese Verse zitieren und unsere Bemerkungen in den Fussnoten niederlegen.

„Down the rivers, o'er the prairies,
Came the warriors of the nations,
Came the Delawares and Mohawks.[2])

---

[1]) *History of de Indian Tribes* vol. I., p. 172, 9.
[2]) Die Delawares and Mohawks, einst zwei mächtige und gefürchtete Volksstämme, wurden infolge der oben erwähnten amerikanischen Politik vom

Came the Choctaws and Camauches,[1])
Came the Shoshonies and Blackfeet,[2])
Came the Pawnees and Omawhaws,[3])
Came the Mandans and Dacotahs,[4])
Came the Hurons and Ojibways,[5])

[Ges. I., V. 58—65].

Ethnographische Elemente.

Longfellows Hiawatha ist überaus reich an ethnographischen Bestandteilen. Diesen Reichtum hat der Dichter jedoch nicht vermittelst ausführlicher Beschreibung oder Schilderung zur Schau gestellt; im Gegenteil mit nur wenigen, gerade deshalb aber vielleicht um so wirksameren Strichen wirft er all das auf's Papier, was das sociale Leben der roten Rasse an charakteristischen und poetisch anmutigen, darum aber nicht minder realistisch wahren Zügen bietet. Wenden wir uns der Betrachtung dieser Elemente zu. *Einrichtungen, Sitten, Gebräuche und gesellschaftliche Sonderstellung bei den Indianern.*

Die Institution des Totem existiert bei den meisten wilden Stämmen und zwar nicht nur bei den amerikanischen. Das Wesen und die Bedeutung dieser Einrichtung ist jedoch so allgemein bekannt, dass wir uns mit der Feststellung der Quellen *Totem.*

nämlichen unglücklichen Schicksale heimgesucht. Die ersteren wurden über den ganzen Kontinent gehetzt „wie ein Hirschkalb". [Cfr. Catlin, *Letters and Notes* II., p. 101, sq ; Schoolcraft, *Oneóta*, p. 105; *Notes on the Iroquois*, p. 148 sq.]. Die letzteren, welche den berühmten Six Nations [Cfr. Colden, *History of the Five (six) Nations*, London 1747] angehörten, wurden gezwungen, nach Canada auszuwandern [Cfr. Catlin, *Letters and Notes*, II., p. 104 sq.; Schoolcraft, *Notes on the Iroquois*, p. 71 sq.]

[1]) Die Choctaws und Camauches waren zeitweilige Nachbarn [Cfr. Catlin, *Letters and Notes* vol. II., p. 53 sq.; 122 sq.; Schoolcraft, *History of the Indian Tribes* I., p. 228 sq.; *Oneóta*, p. 408, 466.

[2]) Die Shoshonies bewohnten zusammen mit den Crows die Wildnisse der Rocky Mountains [Cfr. Catlin, *Letters and Notes* II., p. 113, 114; *History of the Indian Tribes* I., p. 198 sq.]; die Blackfeet wohnten von den Rocky Mountains [Cfr. Catlin, *Letters and Notes* II., p. 113, 114; *History of the Indian Tribes* I., p. 198 sq.]; die Blackfeet wohnten von den Quellen des Missouri bis zu den Rocky Mountains [Cfr. Catlin, *Letters and Notes* I., p. 29 sq.]

[3]) Die Omawhaws standen in einer Art Schutzverhältnis zu den Pawnees, deren Nachbarn sie waren, [Cfr. Catlin, *Letters and Notes* II., p. 24 sq.].

[4]) Die beiden Stämme waren erbitterte Feinde [Cfr. Catlin, *Letters and Notes* I., p. 81 sq.; 208 sq.; *History of the Indian Tribes* I., p. 246 sq.; II., p. 239, 240; *Oneóta*, p. 188.

[5]) Die Hurons wurden von ihren Verwandten, den Irokesen aus ihren Wohnsitzen vertrieben und von den Ojibways an den grossen Seen freundschaftlich aufgenommen. [Cfr. Copway, *Traditional History of the Ojibway Nation*, p. 22, 68, 73; Catlin, *Letters and Notes* I., p. 53; Schoolcraft, *History of the Indian Tribes* II., p. 85, 135 sq.; *Notes on the Iroquois*, p. p. 161 sq.

begnügen können, aus denen Longfellow einige hierauf bezügliche Elemente geschöpft hat.

Einer der Hauptgründe, welche Hiawatha zur Erfindung der Bilderschrift bewegen, ist in den folgenden Versen des XIV. Gesanges niedergelegt:

„On the grave-posts of our fathers
Are no signs, no figures painted."
[V. 18, 19.]

Der Zug ist Schoolcraft entlehnt:

„It [the totem] was likewise employed to give identity to the clan of which he [the warrior] was a member, on his *adje-da-tig* or grave-post." [1])

An der nämlichen Stelle zählt Longfellow die Namen der Totems auf, welche bei den meisten Stämmen in Gebrauch waren:

„Be it Eagle, Bear, or Beaver"
[V. 24],

und später malen die Krieger

„Each his own ancestral Totem,
Each the symbol of his household;
Figures of the Bear, the Reindeer,
Of the Turtle, Crane, and Beaver," [2])

— — — — — — — —

[V. 91 sq.]

Knabenfest. Der Knabe, welcher seine erste Jagdbeute heimbringt, und sei diese auch nur ein Kaninchen oder eine Wildtaube, wird von seinen Angehörigen mit überschwänglichen Lobpreisungen überschüttet und als Held des Tages gefeiert. Diese für die jagdtreibenden Stämme bedeutsame Sitte hat Longfellow in Gesang III, V. 164 sq., dichterisch verwertet, wo er uns den ersten Jagdzug des kleinen Hiawatha, dessen Belobigung durch die Stammesgenossen und das von Nocomis zu des kleinen Jägers Ehre bereitete Festmahl erzählt. [3])

Das Festmahl bei Hiawathas Hochzeit. Einen andern Beweis für des Dichters Bestreben, die indianischen Bräuche möglichst wahrheitsgetreu darzustellen, liefert

---

[1]) *History of the Indian Tribes* I., p. 335.
[2]) „Turtle" und „Bear" sind die angesehensten Totems. Das Beartotem ist speziell Iroquois und Delaware. Cfr. *History of the Indian Tribes* II., p. 49. — Die übrigen Totems, die des „Reindeer", „Beaver" und „Crane" finden sich in einem „Catalogue of.Totems" in Tanners *Narrative*, p. 314, 315. — Ausführliche Berichte über das Totem sind nachzulesen in: Schoolcraft. *History of the Indian Tribes* I., p. 335. 420 und auch 193; II., p. 49; *Algic Researches* II., p. 146; *Oneóta*, p. 143, 172; *Expedition to Itasca Lake*, p. 146; Tanner, *Narrative*, p 313, 314. — Die ethymologische Erklärung des Wortes Totem gibt Schoolcraft in *Residence of 30 Years with the Indian Tribes*, p. 151.
[3]) *History of the Indian Tribes* I., p. 77, 5; II., p. 50. Siehe auch Tanner, *Narrative*, p. 288.

uns Hiawathas Hochzeitsmahl. Als Modell hiefür hat zweifelsohne ein ähnliches Festmahl gedient, welches Mah-to-toh-pa, der zweite Häuptling des Mandaustammes, Catlin zu Ehren veranstaltete. Wir wollen die von dort entliehenen Züge kurz zusammenstellen.

Longfellow [Ges. XI., V. 15, 17, 18]:	Catlin:
„All the bowls were made of basswood — — — — — — All the spoons of horn of bison Black and polished very smoothly."	..... „three dishes two of which were served in wooden bowls"[1].... „In this dish [pemican and marrow-fat] laid a spoon made of buffalo's horn, which was black as jet and beautifully polished."[2]

Von den aufgetragenen Gerichten ist allerdings nur das „Indian bread and butter" (pemican and marrow-fat) von Catlin.[3]) Aber ein anderer sehr eigentümlicher Zug ist seinem Berichte entnommen, nämlich die indianische Sitte, dass beim Gastmahl nur die Gäste speisen und vom Hausherrn und der Hausfrau bedient werden.[4]) [Cfr. hiezu Ges. XI., V. 36—41.]

Ausserdem verdanken wir Catlins Erzählung die Rauchscene nach dem Mahle, die Sorte des Tabaks, wenigstens einem ihrer Bestandteile nach (K'nick k'neck oder „bark of the red willow") und die Beschaffenheit des Stoffes, aus welchem der Tabakbeutel angefertigt ist. [Cfr. V. 42—48.][5])

In Vers 45 wird eine der wichtigsten indianischen Gerätschaften, nämlich die Rotsteinpfeife erwähnt. Ausführliche Beschreibungen und Abbildungen derselben finden sich bei Schoolcraft.[6]) Es sei uns hier erlaubt, zugleich auf einen interessanten Bericht Catlins über das Calumet oder die Friedenspfeife zu verweisen.[7]) [Hiezu vergleiche man V. 16—25 in Ges. I.]

Rotsteinpfeife, Friedenspfeife.

Ein einzelner Zug ist den Algic Researches vol. II., p. 224, entlehnt: es ist dies die Sitte, zu den eingeladenen Gästen „Messengers with wands of willow" [V. 20] zu senden. In der Er-

---

[1]) Catlin, *Letters and Notes* I., p. 114; die obige Stelle lautet weiter: .... „and the third in an earthen vessel of their own manufacture" ... Dieser Zug findet sich in Vers 152 des X. Gesanges wieder: [Minnehaha] „Gave them food in earthen vessels."
[2]) Ibidem, p. 116.
[3]) Ibidem, I., p. 115.
[4]) Ibidem.
[5]) Ibidem.
[6]) *History of the Indian Tribes* I., p. 72, 2; Tafel 8, 9, 10; II., p. 146, 40; 511, 512; III., p. 69, 35. — Siehe ferner Catlin, *Letters and Notes* I., p. 234, 235, Tafel. 98.
[7]) Ibidem, p. 235.

zählung vom Moose und Woodpecker finden wir hierüber folgendes: „He [Manabozho] sent the children out to get red willow sticks. Of those he cut off as many pieces of equal length as would serve to invite his friends to a feast. A red stick was sent to each one."

Hungersnot. In der Einleitung zu Ges. XX. entrollt der Dichter vor unserem Auge ein düsteres Bild von dem äussersten Elend, welches der Mangel an Nahrungsmitteln zur Winterszeit unter den indianischen Jägerstämmen anzurichten vermag. Dabei scheint er allerdings Hiawathas Wesenheit als Kulturheros, der zuerst die Kunst des Getreidebaues ausübte, gänzlich vergessen zu haben, doch ist im Grunde genommen dieser Mangel nur wenig fühlbar, da das Hauptaugenmerk des Lesers auf die traurige Scene von Minnehahas Tod konzentriert ist.

Bei der Schilderung dieser Notlage der Indianer hat der Dichter seiner Phantasie keinen Zwang auferlegt, aber dennoch ist der Einfluss Schoolcrafts unverkennbar, wie sich aus einem Vergleiche der Verse 12—19 mit dem folgenden Berichte leicht abnehmen lässt:

„Instances have been perfectly well authentical where this state of wretchedness has been endured by the head of a family until he has become so weak as to fall in his hunting path and freeze to death." [1]

Soziale Sonderstellung. Die indianische Gesellschaft lässt sich in zwei Hauptklassen teilen und zwar in die Klasse der Priester und Aerzte und die der Jäger und Krieger. Daneben gibt es noch einige Sonderstellungen, welche unsere Aufmerksamkeit verdienen. Hiezu müssen wir die des indianischen Stutzers und die des geschäftsmässigen Spielers rechnen, mit denen Longfellow uns bekannt macht.

Stutzer. Den indianischen Stutzer führt uns der Dichter in Ges. XI., V. 67—92, vor. Zum Träger dieser Rolle hat er den Pau-Pauk-Keewis ausersehen, mit dessen mythischer Natur er daselbst den Charakter eines Stutzers aufs vortrefflichste verbunden hat.

Nach Catlin, dessen ausführlichem Berichte die Longfellow'sche Schilderung in allen Hauptzügen nachgebildet ist, gibt es bei jedem Indianerstamme einige Persönlichkeiten, die ihre Lebensaufgabe darin zu erblicken scheinen, an schönen Tagen in phantastisch aufgeputztem, reinlichen Kleiderschmucke, genau so wie wir diesen bei Longfellow beschrieben finden, zum Ergötzen der Frauen und Kinder um das Dorf zu stolzieren oder wohl vom Rücken eines schön- und weich-gesattelten Apfelschimmels aus den kriegerischen Uebungen und Spielen

---

[1] *History of the Indian Tribes* II., p. 77, 69; siehe ferner p. 76; 77, 68, 71; und *Oneóta*, p. 429.

der Tapfern zuzusehen. Ganz im Einklang mit ihrer weichlichen Erscheinung scheuen sie die gefährliche Jagd auf den Grizzlybär oder Kriegsadler, suchen vielmehr blos solche Tiere bezw. Vögel zu erbeuten, die sich leicht töten lassen und deren Felle bezw. Federn zum Schmuck verwendbar sind. Ebenso fliehen sie den ehrenvollen Kampf, dafür aber bleiben sie im Dorfe zum Schutze der Frauen. Wegen ihrer Feigheit bilden sie den Gegenstand allgemeiner Verachtung von Seite der Krieger.[1])

Die zweite Erscheinung, die wir an dieser Stelle berühren müssen, ist die des indianischen Professionsspielers oder *Yenadizze-weg*,[2]) dessen Rolle Pau-Pauk-Keewis ebenfalls zu spielen hat. [Cfr. Ges. XI., V. 2: 56; 63—66; 69.] Erweitert hat der Dichter diesen Charakter, insofern er Pau-Pauk-Keewis zugleich vollendeten Sportsman sein lässt. [Cfr. V. 60—63.) **Spieler.**

Die indianische Wohnung ist nichts anderes als eine zeltartige, mit Büffelhaut bezw. Ulmenrinde bedeckte Hütte, welche in den meisten nordamerikanischen Dialekten „*Wigwam*" heisst. Da dieses Wort in unserem Gedichte häufig vorkommt, so verweisen wir den Leser auf Schoolcraft, der eine genaue Beschreibung der Konstruktion der beiden Arten von „wigwam" gibt, welche die Dacotahs zu errichten pflegen.[3]) **Indianische Wohnung. Wigwam.**

Im Ges. XI., V. 218—221, hören wir, dass Jagoo Hiawathas Wiege geschnitzt hat: **Hausgeräte. und Hausarbeiten. Wiege.**

„He it was who carved the cradle
Of the little Hiawatha
Carved its framework out of linden
Bound it strong with reindeer sinews."

Diese Verse beruhen auf einer ausführlichen Beschreibung von der Herstellung, Verzierung und der Art und Weise der Benützung der indianischen Wiege in Oneóta.[4])

Ist die Anfertigung der Wiege ein Geschäft des Mannes, so ist das Gerben der Wildfelle eine der Hauptbeschäftigungen der indianischen „squaw". Longfellow berührt diese wichtigste der indianischen Frauenarbeiten in Ges. XIII., V. 19 und Ges. XIX., V. 31. Einen Bericht hierüber gibt Schoolcraft.[5]) **Gerben der Wildfelle.**

An der nämlichen Stelle des Ges. XIX. wird noch eine Arbeit der indianischen Frau erwähnt, nämlich das Stossen des **Stossen der Maiskörner.**

---

[1]) Catlin, *Letters and Notes* I., p. 112 sq.
[2]) *Oneóta*, p. 85; cfr. Longfellows Originalanmerkungen.
[3]) *History of the Indian Tribes* II., p. 191; Tafel 28, 29.
[4]) *Oneóta*, p. 212, 213; cfr. auch *History of the Indian Tribes* II., p. 513, Tafel 15, und p. 66, 67.
[5]) Ibidem, p. 64.

Maises. Ein diesbezüglicher Bericht findet sich wiederum in Schoolcraft.¹)

Indianische Kleidung, Kriegs- und Jagdgeräte, Kleidung. Die malerische, indianische Gewandung oder vielmehr deren Hauptbestandteile zeigt uns der Dichter in Ges. IV., V. 39 bis 40, wo er die Ausrüstung des Helden auf seinem Kriegszug gegen Mudjekeewis kurz schildert. Diese Schilderung scheint sich an eine ähnliche anzulehnen, welche Catlin von der Kleidung des von ihm gemalten Mandauhäuptlings Mah-to-toh-pa giebt.

Mit dichterischer Freiheit ahmt Longfellow seinerseits Catlins Beispiel nach, welcher bei der Anfertigung des Bildnisses, von einem künstlerischen Gefühle geleitet „rejected such trappings and ornaments as interfered with the grace and simplicity of the figure."

So stellt er uns Hiawatha vor, bekleidet mit:

„Deer-skin shirt and leggings,
Richly wrought with quills and wampum;"
[V. 40--41].

ausserdem gerade wie der Häuptling, angethan mit Moccasins, einem Kopfschmuck aus Adlerfedern, einen Gürtel um die Hüften und dazu Köcher und Bogen. Alle diese Stücke gehören zu Mah-to-toh-pas Ausrüstung.

Wenig ist daran gelegen, dass der Dichter den ihm vorliegenden Bericht nicht genau kopiert. Seiner Absicht gemäss, die doch nur darin bestehen konnte, ein treues Abbild von dem gewöhnlichen indianischen Kriegskleide zu entwerfen, vermeidet er die Verwertung von all dem, was bei des Häuptlings Ausrüstung auffällig und ausserordentlich ist, so stattet er Hiawatha mit einem „deer-skin shirt" aus an Stelle des seltenen mountainsheep shirt, oder mit einem „bow of ashwood", während der des ersteren aus Bein ist,²) oder er schmückt wohl auch seine leggings mit dem bei den alten Indianern in allgemeinster Verwendung stehenden Wampum,³) an Stelle der grausigen Skalplocken, während er wieder ein anderes Mal weniger dichterische

---

¹) *History of the Indian Tribes* I., pag. 80, Tafel 16 [Mörser aus Holz und Stein und Mörserkeule].

²) Eschenholz [bois d'arc] ist das gewöhnliche Material, aus dem die Bogen angefertigt werden. siehe Catlin, *Letters and Notes* I., p. 32.

³) Wampum ist ein aus verschiedenfarbigen, Meer- selten Süsswassermuscheln hergestellter, altindianischer Schmuck. Diese Muscheln wurden in Stückchen von gleicher Grösse verkleinert, glattgefeilt und auf Schnüren aneinander gereiht; diese wiederum wurden zu Gürteln und Bändern verwoben, wobei die Farbe, Grösse und Zusammenstellung der Schnüre ihre Bedeutung angab. Sie vertraten die Stelle des gemünzten Geldes und dienten zur Herstellung und Aufrechterhaltung von Friede und Freundschaft. Cfr. die Berichte von Catlin, *Letters and Notes* I., p. 222, 223, Anm., und Schoolcraft. *History of the Indian Tribes* I., p. 84, 12; III., p. 185.

Ausdrücke durch andere effektvollere ersetzt, so wenn er von „arrows tipped with jasper" singt; die des Häuptlings haben „points of flints and steel".

Bei verschiedenen anderen Gelegenheiten sehen wir Hiawatha im Besitze von einigen anderen Teilen von Ma-to-toh-pas Ausrüstung, so schwingt er die schreckliche Kriegskeule im Kampfe gegen Megrissogwon [Ges. IX., V. 192] oder er handhabt das Messer beim Bau des Canoes [Ges. VII., V. 27]. Damit wollen wir jedoch natürlich nicht behaupten, dass Longfellow diese zwei indianischen Nationalwaffen aus Catlins Bericht entlehnt habe.[1])

Ges. IV. berichtet uns unter anderem über den alten Pfeil- *Pfeilspitzen.* schnitzer, der
"Made his arrow-heads of sandstone
Arrow-heads of chalcedony
Arrow-heads of flint and jasper."
[V. 261—263; cfr. auch Ges. X., V. 86, 87.]

Diese Stelle bietet wiederum einen Beleg dafür, wie Longfellow sein Bestreben durchwegs darauf richtet, nur thatsächliche und der Wirklichkeit voll und ganz entsprechende Bestandteile in seine Dichtung einzufügen. Hier folgt er einem Berichte in der Oneóta [p. 62 sq.] über die Methode der Pfeilspitzenfabrikation und das dabei verwendete Material; nur „flint-stone" hat er anderswoher genommen.[2])

Unter die Kriegsgeräte müssen wir den „prisoner-string", *Fesselschnur.* die „cords of elm-bark" [Ges. XIII., V. 153, 155] rechnen, womit Hiawatha den gefangen Rabenkönig an die Giebelstange seines Wigwams fesselt. Die zwei Ausdrücke gehören einem Berichte Tanners[3]) an, welchen Longfellow in seinen Anmerkungen selbst zitiert hat.

Ein wichtiger Artikel in der Winterausrüstung des indiani- *Schneeschuhe.* schen Jägers sind die Schneeschuhe, mit deren Hilfe er das flüchtige Wild leicht einholen und erlegen kann.

Diesen Zug, der aus einem Berichte Catlins über die Konstruktion und Anwendung der Schneeschuhe stammt,[4]) hat Longfellow im Ges. XIX., V. 29 verwertet:
"Roamed the hunter on his snow-shoes."

---

[1]) Die äusserst interessante Beschreibung von Ma-to-toh-pas Ausrüstung findet sich in Catlin, *Letters and Notes* I., p. 145 sq. Fernere Berichte über die von Longfellow zitierten, indinnischen Kleidungsstücke enthält die *History of the Indian Tribes* III., p. 67, Tafel 9 [Kriegshemd]; ibidem, p. 66, T. 8 [Leggings]; ibidem. p. 65, T. 7 [Moccasins]; ibidem, p. 67, 68 T. 10, 11, 13 [Kopfputz]; ibidem, p. 69, T. 15 [Köcher]; ibidem I., p. 78 und II., p. 513, T. 74 [Kriegskeule]; ibidem I., p. 92 [Messer].

[2]) Schoolcraft, *History of the Indian Tribes* III., p. 467, oder Catlin, *Letters and Notes* I., p. 147.

[3]) Tanner, *Narrative,* p. 412, Anm.

[4]) *Letters and Notes* II., p. 138. Siehe ferner *History of the Indian Tribes* III., p. 68, T. 12.

Rindencanoe. Wie wir bereits gesagt haben gibt der Dichter in Hiawathas Sailing [Ges. XIV., V. 1—107] eine, wenngleich poetische, so doch ziemlich wahrheitsgetreue Schilderung von der Kunst des Canoebaues bei den Algonkinstämmen. Dabei bringt er nur solche Aenderungen an, die durch die Anlage des ganzen Gedichtes bedingt werden; demgemäss nimmt Hiawatha sein Material direkt aus dem Reiche der Natur, ohne dasselbe vorher zuzubereiten, so gebraucht er z. B. zum Verpichen der Fugen das rohe Harz der Föhre aber kein künstlich bereitetes Pech, wie die Algonquins u. s. w. Ein derartiges Verfahren musste naturgemäss die Schönheit der Episode bedeutend erhöhen.

Einen ausführlichen Bericht über die Kunst des Bootbaus liefert Schoolcraft,[1]) einen anderen Catlin.[2])

Indianische Landwirtschaft. Cerealdebau. Die Einleitung zu Ges. XIII. ist mit zwei kleinen, gefälligen Bildchen geschmückt, die aber trotz ihres geringen Umfangs einen Hauptzug aus dem Leben der ackerbautreibenden Stämme erschöpfend darstellen; wir meinen die Verse:

„'Twas the women who in Spring-time
Planted the broad fields and fruitful,

— — — — — — — —

[V. 25, 26.]

'Twas the women who in Autumn
Stripped the yellow husks of harvest,"

[V. 28, 29.]

welche sich auf eine Mitteilung Schoolcrafts in Oneóta[3]) stützen.

Von eben daher ist auch noch das liebliche Schauspiel einer indianischen Getreideernte am Schlusse des nämlichen Gesanges entlehnt [V. 185 sq.]; „At these gatherings the chiefs and old men are mere spectators, although they are pleased spectators, the young only sharing in the sport."

Kampf gegen die die Saat gefährdende Vogelwelt. Hiawathas Kampf gegen die die Aussaat gefährdenden Vögel, wie Krähen, Elstern, Amseln u. s. w. [Ges. XIII., V. 97] ist auf einen Gebrauch der getreidebauenden Stämme zur Zeit der Ernte basiert, wo den Frauen, Knaben und Mädchen dieser Stämme die Aufgabe zufällt, die Vögel zu verscheuchen. Oft bedienen sie sich hiebei eines eigenen Gerüstes, um von da aus den raubgierigen Angriffen von Seite der Vögel erfolgreich gegentreten zu können.[4])

Daraus geht hervor, dass Longfellow bei der Nachbildung dieses Branches mit grosser Freiheit verfahren ist.

---

[1]) *History of the Indian Tribes* II., p. 512, 3. T. 72.
[2]) *Letters and Notes*, II., p. 158.
[3]) *Oneóta*, p. 82, 83.
[4] *History of the Indian Tribes* III., p. 63, 17.

Im Ges. XIII. wird zweimal ein anderes Geschäft der **Wilder Reis.** Frauen, nämlich das Einsammeln des wilden Reises kurz erwähnt [V. 18; 184].

Ueber die Wichtigkeit dieser Pflanze für den indianischen Haushalt und die Art und Weise ihrer Ernte berichten ausführlich Schoolcraft und Catlin.[1])

Im nämlichen Gesange hören wir, dass die Frauen **Zuckerbereitung.**
„Made their sugar from the maple" [V. 17].

Diese Zuckerbereitung aus dem Safte des Ahornbaumes ist ein sehr beliebter und einträglicher Erwerbszweig der indianischen Hausfrau. Nähere Mitteilungen hierüber machen uns Schoolcraft und Lafiteau.[2])

Die indianische Musik ist vokaler Natur[3]) und dient ge- **Künste.** wöhnlich zur Begleitung der Tänze,[4]) wofür uns der Medizin- **Musik.** tanz des Ges. V. eine hübsche Probe liefert.

Musikinstrumente gibt es bei den Indianern nur wenige **Musik-** und diese besitzen eine äusserst geringe technische Vollendung. **Instrumente.** Die gebräuchlichsten Instrumente sind Klappern, Trommeln und Flöten,[5]) welche darum auch im Laufe der Dichtung Erwähnung finden, so in Ges. XV., V. 111:
„Beat their drums and shook their rattles,"
und in Ges. VI., V. 31, 32:
„From the hollow reeds he fashioned
Flutes so musical and mellow."

Diese Flöte des Chibiabos aus „hollow reeds" dürfte der Dichter hauptsächlich aus poetischen Gründen gewählt haben und den Indianern unbekannt sein. Die indianische Flöte ist aus Hirschhaut oder Cedernholz gefertigt, die letztere wird der Haltbarkeit wegen mit frischer Schlangenhaut überzogen.[6])

„The songs whether of war or devotion, consist for the **Gesänge.** most, of a few words, or short phrases, many times repeated."[6])

Ausser dem bereits in einem früheren Kapitel zur Behandlung gelangten Medizingesange hat Longfellow mehrere äusserst charakteristische indianische Gesänge in das Gewebe seines Gedichtes eingeflochten, die wir im Folgenden kurz betrachten wollen.

---
[1]) *History of the Indian Tribes* III., p. 62, 16, T. 4. — *Memoirs of a Residence of 30 Years.* p. 115. — Catlin, *Letters and Notes* II., p. 208, T. 278.
[2]) *History of the Indian Tribes* II., p. 55, 56. — Lafiteau, *Moeurs des Sauvages* II., p. 154—157.
[3]) Schoolcraft, *History of the Indian Tribes* III., p. 227.
[4]) *Oneóta*, p. 41.
[5]) Cfr. ibidem p. 42, 43 und Catlin, *Letters and Notes* I., p. 242.
[6]) Tanner, *Narrative*, p. 234.

5*

Wiegenlied. Ges. III., V. 82—85 enthält ein kurzes Wiegenlied, dessen Original wir in der Ursprache und in der von Mrs. E. Oakes, „a refined enthusiast of the woods" gegebenen Uebersetzung anführen wollen:

> Ah wa nain [who is this?]
> Ah wa nain [who is this?]
> Wa yau was sa [Giving light (meaning the light of the eye)]
> Ko purasod [On the top of my lodge].
> Who is this? Wo is this? eye-light bringing
> To the roof of the lodge?[1])

Das von Longfellow zwei Mal gebrauchte *Ewa-yea* ist in einer von Schoolcraft über die Natur der indianischen Wiegenlieder angestellten Betrachtung enthalten.[1]) Dies „e-wa-yea", welches nach Schoolcraft genau dem englischen lu la by entspricht, wird gerade wie dieses Wort von der Indianerfrau zum Einlullen der Kinder in langgezogenem, singenden Tone gesprochen. Der nämliche Ausdruck begegnet uns nochmals in einem anderen Wiegenlied, Oneóta, p. 215, wo es eine Art Refrain bildet.

„My little owlet," redet Nocomis mit zärtlich kosender Stimme den kleinen Hiawatha an, während Schoolcraft diesen Vergleich auf das das Wiegenlied singende, neckische Mädchen bezieht, indem er schreibt:

„And then she assumes the tone of the little screech owl and answers" [p. 213].

Glühwürmchenlied. Wie beim vorhergehenden Liedchen, wollen wir auch beim „Chant to the Fire-Fly" den Text in der Ursprache und Schoolcrafts wörtliche Uebersetzung desselben anführen:

> Wau wau tay see!
> Wau wau tay see!
> E now e shin!
> Tshe bwan ne bann-e wee!
> Be eghaun be eghaun-e wee!
> Wa wau tay see!
> Wa wau tay see!
> Was sa koon ain je gun!
> Was sa koon ain je gun!
>
> Flitting-white-fire-insect!
> Waving-white-fire-bug!
> Give me light before I go to bed!
> Give me light before I go to sleep!
> Come little dancing white-fire-bug!

---

[1]) Oneóta, p. 213.

> Come little flitting white-fire-beast!
> Light me with your bright white-flame-instrument,
>   your little candle.[1]
>   [Cfr. hiezu Ges. III., V. 110—116.]

Dieses Liedchen wird an heissen Sommerabenden von den Kindern der Chippeway an den oberen Seen geträllert, während die Luft „sparkling with the phosphorescent light of the firefly" ist.

Die Quellen der zwei Liebeslieder, welche Chibiabos bei **Liebeslieder.** Hiawathas Hochzeitsfeier vorträgt, hat Longfellow in seinen Anmerkungen selbst angegeben. Das erste Lied [Ges. XI., V. 140 bis 176], eine Perle indianischer Liebesdichtung, ist Littell's Living Age XXV., p. 45 entlehnt, das andere [Ges. XII., Schluss], von dem nämlichen zarten, liebessehnsüchtigen, fast zu melancholischen Hauche durchweht, ist einer Uebersetzung Schoolcrafts in Oneóta, p. 15 nachgebildet. Wir wollen hier von einer Anführung des Textes absehen, zumal Longfellow denselben so genau kopiert hat, als es das Versmass gestattete. Das letztere Lied ist mit einem historischen Ereignis verknüpft. Während des indianischen Krieges in Canada 1759 verlor ein Chippewaymädchen, The White Eagle, am Lake of the Two Mountains seine Stammesangehörigen. Es blieb daselbst zurück und fasste eine innige Zuneigung zu einem jungen Algonkin der französischen Mission in der Nähe des Sees. Diesem Verhältnisse verdanken wir das zweite der schönen Liebeslieder.

Die Quelle des in Ges. XIII., V. 226, 227 enthaltenen **Erntelied.** „cereal song" der nördlichen Algonkinstämme, sowie der begleitenden Umstände, welche die Schnitterinnen veranlassen, ihn zu singen [cfr. V. 208—227] ist, wie Longfellow selbst in seinen Anmerkungen feststellt, Oneóta, p. 254. Der Dichter hat daselbst die von Schoolcraft niedergeschriebene Auslegung der zwei als Basis des Liedes figurierenden, indianischen Termini bereits zitiert, wir begnügen uns damit, den Text des Originals selbst hinzuzufügen:

> „*Wagemin! wagemin!*
> Thief in the blade,
> Blight in the cornfield *Paimosaid*."

Im Hiawatha ist noch eine andere Klasse indianischer Gesänge kurz charakterisiert und zwar in Gesang IX., V. 63: **Kriegsgesang.**

> „Song his war-song wild and woful."

Es mag uns erlaubt sein, als Illustrationsprobe einen solchen Kriegsgesang anzuführen, der dem Dichter vielleicht in den

---
[1] *Oneóta*, p. 61.

Versen 64—67 vorgeschwebt hat. Derselbe ist der History of the Indian Tribes II., p. 62 entnommen und lautet:

I.

„The eagles scream on high,
They whet the forked beaks;
Raise-raise the battle-cry
'Tis fame our leeder seeks.

II.

The battle-birds look from the sky,
They thirst for the warriorr's heart.
They look from their circles on high,
And scorn every flesh but the brave.

Eine interessante Mitteilung über den Kriegsgesang, sowie über das Kriegsgeschrei [cfr. V. 89] macht uns Schoolcraft.[1])

Sterbegesang. Der indianische Held singt beim Herannahen des Todes seinen Sterbegesang. Der Ausdruck begegnet uns in Vers 91. Diesbezügliche Mitteilungen macht wiederum Schoolcraft.[2])

Indianische Wissenschaft. Bilderschrift. „Pictorial and symbolical representations constitute one of the earliest observed traits in the customs and arts of the American aborigines."[3]) In diese erste und grösste Kunst der indianischen Weisen gewährt uns der Dichter in Gesang XIV. eine fast vollständige Einsicht. Er hält sich hiebei getreulich an die Angaben Schoolcrafts, wenngleich er bei der Auswahl und Gruppierung des Stoffes seinem eigenen Geschmacke folgt. In den V. 1—34 gibt er uns eine allgemeine Uebersicht über die verschiedenen Zweige der Bilderschrift, indem er mit grosser Gewandtheit ebenso viele Beweggründe fingiert, die den Hiawatha veranlassen, die Bilderschrift zu erfinden. Diese Zweige der Bilderschrift, oder vielmehr die verschiedenen Materien, welche eine eigene Bilderschrift besitzen, lauten wie folgt:

„1. Kekeewin
    A. Common Signs . . . . Travelling;
    B. Adjidatigwun . . . . . Sepulture;
2. Kekeenowin
    C. Medawin . . . . . . Medecine;
    D. Minor Jeesukawin . . . Necromancy;
    E. Wabeno . . . . Revelry;
    F. Keossáwin . . . . . . Hunting;
    G. Higher Jeesukawin . . . Prophecy;

---

[1]) *History of the Indian Tribes* II., p. 59, 37; 60.
[2]) *Oneóta*, p. 349—351; einen Sterbegesang hat Schoolcraft in der *History of the Indian Tribes* II., p. 62 aufgezeichnet, er lautet:
    „I fall-but my body shall lie
    A name for the gallant to tell.
    The Gods shall repeat it on high
    And young men grow brave at the sound."
[3]) *History of the Indian Tribes* I., p. 333.

H. Nundobewumewun . . . War;
I. Sageawin . . . . . . Love;
K. Muzzinabikon . . . . . History." [1])

In den Versen 30—45 sehen wir Hiawatha die „mystic figures" auf die glatte Rinde der Birke und in den V. 99—108 und 123—129 die Jossakeeds, Wabenos und Medas dieselben auf Birkenrinde und Hirschhaut malen. Es ist selbstredend, dass der Dichter mit diesen Zügen das thatsächliche Verfahren zur Darstellung bringt.[2])

In den Versen 45—78 und 108—122 wird die symbolische Bilderschrift durch eine grosse Anzahl ausgesuchter Beispiele aufs trefflichste beleuchtet. Uns würde es jedoch zu weit führen, die Quellen all dieser sinnbildlichen Zeichen nebst deren Auslegung eingehend zu behandeln, wir wollen uns darauf beschränken, in den Fussnoten auf die Quellen der Verse 108—122 zu verweisen, und ausserdem noch feststellen, dass die meisten der in den Versen 45—78 vorgeführten Beispiele aus der History of the Indian Tribes I., p. 333—420 entnommen sind.

V. 108—022:

„The Great Spirit, the Creator [3])
Flashing light through all the heaven;[3])
The Great Serpent, the Kenabeek,[4])
With his bloody crest erected,[4])
Creeping, looking into heaven;[4])
In the sky the sun that listens,[5])
And the moon eclipsed and dying;[6])
Owl and eagle, crane and hen-hawk,[7])
And the cormorant, bird of magic;[8])
Headless men that walk the heavens,[9])
Bodies lying pierced with arrows,[10])
Bloody hands of death uplifted,[11])
Flags on graves and great war captains [12])
Grasping both the earth and heaven![12])

[1]) *History of the Indian Tribes* I., p. 351. Ibidem, p. 333—420 finden sich ausführliche Berichte über einen jeden der oben angeführten Zweige der Bilderschrift nebst zahlreichen Tafeln. Longfellows poetische Uebersicht gründet sich naturgemäss auf dem Studium dieser Berichte und nicht auf der obigen Synopsis.
[2]) Wir verweisen hauptsächlich auf die *History of the Indian Tribes* I., p. 333—335.
[3]) Ibidem, p. 414; s. auch p. 370, fig. 9; p. 372, fig. 16; p. 399, fig. 2.
[4]) „ p. 407, Tafel 57, fig. 10; p. 409, fig. 7,8.
[5]) „ p. 409, fig. 51.
[6]) „ p. 408, fig. 12, fig. 14.
[7]) „ p. 407, Tafel 57, fig. 10; p. 411, fig. 134.
[8]) „ p. 409, fig. 50.
[9]) „ p. 409, fig. 55.
[10]) „ Tafel 56, fig. 5.
[11]) „ p. 410, fig. 112, 114, 115.
[12]) „ p. 411, fig. 124.

Zu Ende des Gesanges, V. 130—177, gibt der Dichter einen ganzen Liebesgesang gleichsam als Probe eines zusammenhängenden indianischen Schriftstückes zum Besten. Derselbe ist ziemlich genau kopiert und nur wenig dichterisch ausgeschmückt. Es ist sogar die Verschmelzung der Interpretation der sieben mnemonischen Bilder, aus denen der Gesang besteht, mit dem Texte, der durch dieselben suggeriert werden soll, direkt aus Schoolcraft herübergenommen.[1])

Astronomie.
Monatsnamen.
Im Hiawatha begegnen uns verschiedene indianische Monatsnamen; es sind dies:

Moon of Leaves	. . Mai	[Ges. V., V. 13.]
		[Ges. VII., V. 19.]
Moon of Strawberries	. . . Juni	[Ges. XI., V. 160.]
Moon of Falling Leaves	. September	[Ges. XI., V. 152.]
		[Ges. XIII., V. 183.]
Moon of Snow-shoes	. . . November	[Ges. II., V. 244.]
Moon of Bright Nights [when nights are brightest]	. November	[Ges. II., V. 243.]
		[Ges. XI., V. 156.]

Alle diese Ausdrücke sind Uebersetzungen der entsprechenden Ottawa- bezw. Menomonie-Wörter, welche Tanner aufgezeichnet und übersetzt hat.[2]) Für November findet sich im Gedichte die Uebersetzung des Ottawawortes [Moon of Snowshoes] neben der des Menomonieausdrucks [Moon of Bright Nights].

Spiele und Vergnügungen.
Als „happy illustration of Indian life" musste Hiawatha notwendigerweise auch für die zahlreichen Spiele und Vergnügungen der Indianer einen Platz haben. Und in der That sind denn auch die geschätztesten und weitverbreitetsten derselben in einer Charakterschilderung des Pau-Pauk-Keewis folgendermassen zusammengefasst:

„Skilled was he in spo s and pastimes.
In the merry dance of snow-shoes,
In the play of quoits and ball-play:
Skilled was he in games of hazard,
In all games of skill and hazard,
Pugasaing, the Bowl and Counters.
Kuntahsoo, the Game of Plum-stones."
[Ges. XI., V. 60—66.]

Tanz.
Der Tanz bildet eines der indianischen Hauptvergnügungen, darum darf es uns auch nicht Wunder nehmen, wenn wir zahlreiche Tänze jeden Charakters vorfinden. — .... „some of them so exceedingly grotesque and laughable as to keep the by-

---
[1]) *History of the Indian Tribes* I., p. 403, 404, Tafel 56 B.
[2]) Tanner, *Narrative* p. 321.

standers in an irresistible roar of laughter — others are calculated to excite their pity, and forcibly to appeal to their sympathies, whilst others disgust and yet others terrify."[1])

Zur zweiten Kategorie gehört vor allem der feurige „Beggar's Dance", der jedoch nicht etwa von einer Rotte Bettler aufgeführt wurde, sondern von den angesehensten, mit ihrem schönsten Kleiderschmucke gezierten Jünglingen des Stammes. Während der Dauer dieses Tanzes bemüht sich ein jeder der Teilnehmer in einem an den Grossen Geist gerichteten Gesange die ganze Kraft seiner Stimme zu entfalten, um die Herzen der Zuschauer zu milden Gaben für die Armen des Stammes zu bewegen, wofür denselben der Segen des Grossen Geistes verheissen wird.[2]) Aus dieser Definition ersehen wir, wie sehr der von Pau-Pauk-Keewis in Ges. XI., V. 96 – 118 aufgeführte und mit dem obigen Namen bezeichnete Reigen, besonders hinsichtlich seines Zweckes von dem wirklichen „Beggar's Dance" absticht.

<small>Bettlertanz.</small>

Ein anderer Tanz ist der vorhin genannte „äusserst malerische" Schneeschuhtanz, der beim Fallen des ersten Schnees mit den Schneeschuhen getanzt wird, wobei die Tänzer dem Grossen Geiste ein Danklied singen dafür, dass sie nun wieder Schneeschuh laufen und auf diese Weise das Wild leichter erbeuten können.[3]) [Cfr. hiezu auch Ges. XIX., V. 29.]

<small>Schneeschuhtanz.</small>

Dieses „volkstümlichste Spiel"[4]) wird von den nordwestlichen Indianern zu verschiedenen Jahreszeiten gespielt. In der Regel spielt die männliche Bevölkerung zweier Dörfer gegen einander, wobei oft hohe Wetten gemacht werden. Das Spiel beginnt im gleichen Abstande von zwei Stangen, die ungefähr eine Viertelmeile von einander entfernt sind. Die Aufgabe der beiden Parteien besteht darin, den Ball über die Grenze der Gegenpartei hinüberzuschleudern, wobei es naturgemäss äusserst lebhaft zugeht.[5]) (Cfr. hiezu das Epitheton „noisy", Ges. XIX., V. 133.]

<small>Ballspiel.</small>

---

[1]) Catlin, Letters and Notes I., p. 244; interessante Einzelheiten berichten p. 244, 245 und hauptsächlich p. 126 sq.; siehe auch Oneota, p. 41, 42 und History of the Indian Tribes III., p. 62.

[2]) Cfr. Catlin, Letters and Notes I., p. 245, Tafel 103; siehe ibidem die Art und Weise der Aufführung des Tanzes und Anderes. Cfr. auch History of the Indian Tribes III., p. 62, Tafel 3.

[3]) Cfr. Catlin, Letters and Notes II., p. 139, Tafel 2,3.

[4]) Einen Bericht über die verschiedenen indianischen Spiele siehe History of the Indian Tribes I., p. 82, 10.

[5]) Cfr. ibidem II., p. 78, und auch Catlin, Letters and Notes II., p. 123 sq., Taf. 224, 225, 226; und Copway, Traditional History of the Ojibway Nation, p. 42 sq.

74

Tafel 19 in der History of the Indian Tribes II. stellt solch' ein Ballspiel auf dem Eise dar. Dieses Bild kopierte Longfellow in Ges. XIX:

„And the young men played together
On the ice the noisy ball-play."
[V. 132, 133.]

Glücksspiele. Die Glücksspiele werden ihrer Natur entsprechend gewöhnlich im Wigwam gespielt: die gebräuchlichsten derselben sind das Pugasaing und das Kuntahsoo.

Pugasaing. Gesang XVI. zeigt uns den „merry mischief-maker" als Erfinder und Lehrer des Pugasaing [V. 63 sq.]. In Anschluss an diese Scene wird vor unseren Augen ein treues Bild von der sittenverderbenden Wirkung dieses Spieles auf die Indianer entrollt [V. 111 sq.]. Als Vorlage hiezu hat dem Dichter nach seiner eigenen Angabe ein Bericht in der Oneóta gedient.

Uns würde es zu weit führen, eine ausführliche Beschreibung dieses Spieles zu geben;¹) wir wollen nur die verschiedenen Würfe betrachten, die in unserem Gedichte stattfinden.

Im ganzen sind elf glückliche Würfe möglich, alle anderen verlieren. Die drei Würfe des Pau-Puk-Keewis sind der zweite glückliche Wurf, der 138, der vierte, welcher 58, und der siebente, welcher 50 zählt, während Jagoo den fünfzehnten und somit verlierenden Wurf thut.¹)

Kuntahsoo. Während das vorhergehende Spiel das Nationalspiel der Chippeway ist, sich aber auch hin und wieder bei den anderen Stämmen findet, wird das Pflaumkernspiel — dies ist die Uebersetzung des Dacotahwortes *Kuntahsoo* — in gleicher Weise von den Prairie- wie Wald-Indianern gepflegt. Dasselbe ähnelt unserem Würfelspiel in hohem Grade. Die Würfel werden zumeist aus den Kernen der wilden Pflaume gefertigt, worauf verschiedene Wertzeichen eingebrannt oder eingeschnitzt und gefärbt sind, so dass man die Höhe eines jeden Wurfes mit einem einzigen Blick erkennen kann. Im Gegensatz zum Pugasaing ist es das Spiel der Frauen und jungen Leute.²)

Elemente aus der Botanik und Zoologie.

Was die Namen der bekannten amerikanischen Pflanzen und Tiere anbelangt, die uns im Hiawatha begegnen, so ist es selbstverständlich überflüssig, nach Quellen zu suchen. Die

---

¹) Eine solche steht in Oneóta. p. 85 sq., woraus der Dichter seine Informationen geschöpft hat. Fast den nämlichen Bericht enthält die *History of the Indian Tribes* II., p. 72 sq., Tafel 17.
²) Ibidem II., p. 71, 72.

Namen von selteneren Pflanzen und Tieren sind, soweit sie nicht den bezüglichen Mythen und Berichten selbst entstammen, fast ausnahmslos von einem „Catalogue of Plants and Animals" in Tanners Narrative [p. 294—312] entlehnt, wie wir in einem späteren Kapitel sehen werden.

IV. Geschichtliches im „Hiawatha".

In den zwei letzten Gesängen berührt der Dichter ein zum Teil „sehr trauriges" Kapitel, nämlich das der indianischen Geschichte, die so in unvermitteltem Zusammenhang mit der Sage gebracht wird. Wie wir aus einem seiner Briefe an Freiligrath wissen, hat Longfellow selbst eine derartige Verbindung nicht ohne Bedenken vollzogen,[1]) so dass wir gar nicht überrascht zu sein brauchen, wenn wir die Kritiker sich über diesen „an den Haaren herbeigezogenen Schluss" abfällig äussern hören.[2]) Für uns liegt es jedoch zu ferne, bei diesem Punkte länger zu verweilen, da wir ja nur die Aufgabe haben, das Quellenmaterial festzustellen, das dem Dichter augenscheinlich vorgelegen hat.

Einige Verse in der Erzählung Jagoos von seinen jüngst **Donnerboot.** erlebten Abenteuern [Ges. XXI., V. 149 sq.] erinnern sehr lebhaft an eine komische Begebenheit, die Catlin erzählt.

Ein junger Mandan hatte nämlich, um sich den vielbeneideten Titel Medizinmann oder Doktor zu erwerben, seinem Stamme versprochen, „Regen zu machen," und nahm die üblichen Beschwörungen vor. Um die nämliche Zeit feuerte der Dampfer, in dem Catlin den Missouri hinauffuhr, drei oder vier Meilen unterhalb des Mandandorfes „a salute" von 20 Schüssen aus seinen Zwölfpfündern ab. Die durch den Kanonendonner getäuschten Indianer glaubten, der Zauber des jungen Mannes sei wirklich von diesem ungeahnten Erfolg begleitet. Als nun die wahre Ursache des Donners erkannt wurde, rief der Zauberkünstler schnell gefasst aus: „My friends, we will get no rain! — there are, you see, no clouds but my medecine is great — I have brought a thunderboat! look and see it, the thunder you hear is out of her mouth, and the lightning which you see, is on the waters."[3])

---
[1]) S. Longfellow, *H. W. Longfellow* II., p. 293
[2]) Siehe z. B. Freiligrath, *Der Sang von Hiawatha*, Vorwort, p. XII.
[3]) Catlin, *Letters and Notes* I., p 136, 137; über ähnliche Vorkommnisse siehe p. 20, 21 und p. 272.

76

Cfr. hiezu die folgenden Verse:
„From its mouth, he said, to greet him,
Came Waywassimo, the lightning,
Came the thunder, Annemeekee!
[V. 165, 166, 167.]

Hiawathas Vision. Ausserdem ist die Vision Hiawathas, wenigstens teilweise, einer sehr beredten Betrachtung Catlins über die wahrscheinliche Gestaltung der Verhältnisse im grossen Mississippithale [1]) entlehnt, wie wir wohl aus einer auffallenden Aehnlichkeit in Stil und Sentiment schliessen dürfen. Wir können natürlich nur die hauptsächlichsten Elemente zitieren, die unser Dichter verwertet hat.

V. 209—222:

„I beheld, too, in that vision
All the secrets of the future,
All the distant days that shall be.
I beheld the westward marches
Of the unknown, crowded nations.

All the land was full of people,
Restless, struggling, toiling, striving,
Speaking many tongues, yet feeling
But one heart-beat in their bosoms.
In the woodland rang their axes,
Smoked their towns in all the valleys,
Over all the lakes and rivers
Rushed their great canoes of thunder.

„I have seen then in all its forms and features the grand and irresistible march of civilization.[2]) ....

.... and I have seen as often the approach of the bustling, busy, talking, whistling, hopping and elated white man.[2]) ....

I have contemplated these boundless forests melting before the fatal axe.[3]) ....

.... and I have contemplated also the never-ending transit of steamers."[3]) ....

Die folgenden Verse [222 seq.] der Vision enthalten eine dichterisch kurz gefasste Uebersicht über die allgemeine Geschichte der indianischen Stämme. Von einer Prüfung der Quellen müssen wir hier natürlich absehen, und uns damit begnügen, in den Fussnoten einige diesbezügliche Bemerkungen zu machen.[4])

---

[1]) Catlin, *Letters and Notes* I, p. 156—159.
[2]) Ibidem p. 159.
[3]) Ibidem, p. 157.
[4]) Ibidem II., p. 156, ferner I., p. 10, 99 und 104 und zahlreiche andere Stellen mögen als Beleg für die Exaktheit des Epithetons „wild and woful" [V. 228] dienen.
Die Verse:

Die Begrüssungsscene des Schwarzrockhäuptlings ist nach dem Modelle einer ähnlichen Scene in den „Voyages et Découvertes Du Père Marquette" gearbeitet. Longfellow hat uns auch diese Quelle selbst genannt, wir brauchen deshalb nur die von dort entnommenen Elemente einer näheren Betrachtung zu unterwerfen. **Begrüssung des Schwarzrockhäuptlings.** [Ges. XXII.]

Cfr. Longfellow:

V. 30—36:

„Toward the sun his hands were lifted,
Both the palms spread out against it,
And between the parted fingers
Fell the sun-shine on his features,
Flecked with light his naked shoulders
As it falls and flecks an oak-tree."

— — — — — —
— — — — — —

V. 72—80:

„Then the joyous Hiawatha
Cried aloud and spake in this wise:
»Beautiful is the sun, O strangers,
When you come so far to see us!
All our town in peace awaits you.

P. Marquette.
Chapitre Ier; Section Vme:
„Comment les Illinois receurent le Père dans leur Bourgade."

„A la Porte de la Cabane où nous devions estre receus, estoit un Vieillard qui nous attendoit dans une posture assez surprenante qui est la Ceremonie qu'ils gardent quand ils recoivent les Estrangers. Cet homme estoit debout et tout nud, tenant ses mains estendus et leuees vers le Soleil, comme s'il eut voulu se deffendre de ses rayons lesquels neanmoins passoient sur son visage entre ses doigts:

quand nous fusmes proches de luy il nous fit ce Compliment: Que le Soleil est beau françois quand tu nous viens visiter, tout nostre bourg t'attend, et tu entreras en paix dans toutes nos Cabanes.

„All forgetful of my counsels,
Weakened, warring with each other;"
[V. 225, 226.

ruhen auf einer sehr geschichtlichen Grundlage, insoferne „Einigkeit" das grosse Problem des historischen Hiawatha, des bekannten Stifters des Five Nationsbündnisses [cfr. z B. *History of the Indian Tribes* III., p. 316, 317], des gewaltigen Tecumseh [cfr. Catlin, *Letters and Notes* II., p. 118] und vieler anderer genialer Häuptlinge war. Ein Namensverzeichnis von solchen findet sich in der Oneóta, p. 12.

Interessante Bilder und Skizzen aus der indianischen Geschichte sind zu lesen in: Schoolcraft. *Central Portions of the Mississippi Valley*, p. 123, 124, u. p. 138—145; *Oneóta*, p. 352—363; *History of the Indian Tribes* I., p. 520—529; Catlin, *Letters and Notes* II., p. 249—256; Copway. *Traditional History of the Ojibway Nation*, p. 254—264.

All our doors stand open for you;
You shall enter all our wig-
   wams,
For the heart's right hand we
   give you.«"
V. 101, 102:
„Then the generous Hiawatha
Led the strangers to his wigwam"
— — — — — — —
— — — — — — —
V. 110—117:
„All the old men of the village
— — — — — — —
Came to bid the strangers wel-
   come:
»It is well,« they said, »O
   Brothers!
That you come so far to see
   us!«"
— — — — — — —
V. 108—109:
„And the calumet, the peace-
   pipe,
Filled and lighted for their
   smoking."

Cela dit, il nous introduisit dans la sienne, où il y avoit une foule de monde qui nous deuoroit des yeux, qui cependant gardoit un profond silence, on entendoit neanmoins ces paroles qu'on nous adressoit de temps en temps et d'une voix basse, que voyla qui est bien, Mes freres de ce que vous nous uisitez.

A pres que Nous eusmes pris place, on nous fit la ciuilité ordinaire du pays, qui est de nous presenter le Calumet, il ne faut pas le refuser, si on ne veut passer pour Enemy ou du moins pour inciuil, pourueuqu'on fasse semblant de fumer c'est assez; pendant que tous les anciens petunaient après Nous pour nous honorer." [1] ...

Die Botschaft des Schwarzrockhäuptlings [V. 127—140] scheint von dem folgenden Berichte über eine Predigt des P. Marquette beeinflusst zu sein; derselbe steht in dem

„Recit du Second Voyage que le P. Marquette a fait aux Ilinois pr y porter la foy."

„Le Pere parla a tout ce peuple et leur porta dix paroles par dix presens qu'il leur fit, leur expliqua les principaux mysteres de nostre Religion, et la fin pour laquell il estoit venu en leur pays, Surtout il leur prescha de IESUS CRUCIFIE la veille même de ce grand jour auquel il estoit mort en Croix pour eux aussi bien que pour tout le reste des hommes." [2]

Die zweite Hälfte von Hiawathas Begrüssungsrede ist der Erwiderung nachgebildet, die der „Grand-Capitaine des Ilinois"

---

[1] Récit Des Voyages et Des Découvertes Du P. J. Marquette, p. 38, 39, 40.
[2] Ibidem. p. 98, 99.

auf die Botschaft des „Robe Noire" gab. Wir wollen auch hier die entsprechenden Stellen einander gegenüberstellen.

V. 80—93:

„Never bloomed the earth so gaily,
Never shone the sun so brightly,
As to-day they shine and blossom,
When you come so far to see us!
Never was our lake so tranquil,
Nor so free from rocks and sand-bars;
For your birch-canoe in passing
Has removed both rock and sand-bar!
Never before had our tobacco
Such a sweet and pleasant flavour,
Never the broad leaves of our corn-fields
Were so beautiful to look on,
As they seem to us this morning
When you come so far to see us!"

„Je te remercy Robe Noire, et toy, françois, s'adressant à Mr. Jollyet de ce que vous prenez tant de peine pour nous uisiter, jamais la terre n'a esté si belle ny le soleil si éclatant qu'aujourd'huy; Jamais nostre riuiere n'a esté si calme, ny si nette de rochers que vos Canotz ont enleuées en passant, jamais nostre petun n'a eu si bon goust ny nos bleds n'ont paru si beaux que nous les voyons maintenant." [1] . . . .

Ausserdem sind noch einige andere Züge aus dem Berichte des P. Marquette entlehnt, aber umgestellt und stark modifiziert, so der Gedanke eines Willkommessens [2] [V. 105—107], ebenso der einer intensiven, einschläfernden Sommernachmittagshitze [3] [V. 153 sq.] und der des Schlafes der Fremdlinge im Wigwam des Hiawatha bezw. Häuptlings [4] [V. 161 sq.].

---

[1] Récit Des Voyages et Des Découvertes Du P. J. Marquette, p. 42.
[2] Ibidem, p. 44.
[3] Ibidem p. 73. 74.
[4] Ibidem p 45.

V. Die indianischen Namen und Wörter.

In das Hiawathalied sind zahlreiche indianische Namen und Wörter — die letzteren gehören ausschliesslich dem Ojibwaydialekte an — eingestreut, die den Versen einen eigentümlichen und stark fühlbaren Reiz verleihen.

„The very names are jewels which the most fastidious muse might be proud to wear." [1]) In der That sind all diese Namen, gerade wie die in Paradise Lost „charmed names" [Macauly, Essay on Milton], wenn auch ganz anderer Natur. Sie stehen alle in innigem Zusammenhang mit dem indianischen Mythencyclus und sind schon aus diesem einen Grunde für dichterische Zwecke ungemein geeignet . . . . „the great source of a future poetic fabric, to be erected on the frame-work of Indian words, when the Indian himself shall have passed away, exists in their mythology." [2]) . . . .

Aber auch der Wert der übrigen indianischen Wörter, die unserem Gedichte einverleibt sind, ist nicht zu unterschätzen; ganz abgesehen von dem natürlichen Wohlklange ihrer Laute besitzen sie eine erstaunliche „capacity for, and love of harmony in the collocation of syllables expressive of poetic thought." [3])

In den folgenden Kapiteln wollen wir die Quellen dieser Namen und Wörter feststellen, soweit dieselen nicht direkt von den bereits konstatierten Mythen oder Berichten entnommen sind. In den meisten Fällen waren wir in der glücklichen Lage, die wirklichen Quellen zu entdecken, wobei uns hauptsächlich die grosse Mannigfaltigkeit zu Statten kam, die in der Orthographie der verschiedenen von Longfellow benützten Werke herrscht.

Eigennamen.

Wenonah. [Ges. III., V. 1.] *Wenonah* ist ein Dacotah-Name, der von Mrs. Eastman öfters zit'ert wird, so in den Erzählungen „Wenona or the Virgin's Feast," p. 55, „The Maiden's Rock or Wenona's Leap," p. 165. Das *h* der Endsilbe scheint Longfellow in Analogie zu anderen Wörtern, wie *Dacotah*, angehängt zu haben, oder wohl auch nur, um die Länge dieser Silbe anzudeuten.

Minnehaha. Was den Namen *Minnehaha* anbetrifft, siehe p. 55 Anm. 5 unserer Abhandlung.

Ausser diesen beiden Namen sind *Unktahee* [cfr. p. 46] und *Kwasind* [cfr. p. 84] ebenfalls Dacotahwörter, während

---

[1] O. W. Holmes. cfr. H. W. Longfellow von St. Kennedy, p. 89.
[2] Schoolcraft, History of the Indian Tribes III, p. 328.
[3] Ibidem.

Hiawatha irokesisch ist. Alle übrigen sind Ojibway bezw. Chippeway.

Unter dem Namen *Newadaha* wird Schoolcraft in das Gedicht eingeführt; das Wort stammt aus Oneóta, p. 266, wo es ebenso geschrieben wird [p. 265 Naywadaha]. *Newadaha* war ein Tyrann, der mit seinem Verbündeten *Aingodon* die Chippeway-Nation beherrschte. **Newadaha.** [Einl. V, 44.]

Die folgenden Wörter sind sämtlich aus einem „Catalogue of Plants and Animals" in Tanners Narrative, p. 294—312 entlehnt: **Namen der Tiere, Vögel, Fische, Insekten, Pflanzen u. s. w., die ursprünglich in den bezüglichen Mythen nicht enthalten sind.**

Longfellow:
Ahdeek — reindeer.
Amo — bee.

Bemahgut — grape-vine.
Chetowaik — plover.
Dahinda — bull-frog.
Dushkwoneshe \
Kwoneshe / — dragonfly.
Kah gah gee — raven.
Kenen — great war-eagle.
Kenozha — pickerel.
Mahnahbezee — swan.
Mahng — loon.
Maskenozha — pike.
Meenahga — blueberry.

Okahahwis — fresh-water herring.
Odahmin — strawberry.
Omeme — pigeon.
Opechee — robin.
Pah-puk-keena — grasshopper.
Pezhekee — bison.
Pishnekuh — brant.
Shahbomin — gooseberry.
Sahwa — perch.
Shada — pelican.
Shawgashee — craw-fish.
Shaw-shaw — swallow.
Shuh-shuh-gah — blue heron.
Subbekashe — spider.
Suggema — mosquito.
Ugudwash — sun-fish.
Wabeno-wusk — yarrow.

Tanner:
Ah-dik,
Ah-mo — wasp.
Amoe — a bee.
Be-mah-grut,
Che-to-waik,
Dain-da,
Bo-dush-kwon-e-she — large dragon fly.
Kah-gah-gee,
Ke-nen,
Ke-no-zha,
Mah-nah-be-zee,
Mahng,
Mas-ke-no-zha,
Meen-ah-ga-wunje — blueberry or whortleberry-bush.
O-ka-ah-wis,
Od-a-e-min,
O-me-me,
O-pe-che,
Pah-puk-ke-na,
Pe-zhe-ke,
Pish-ne-kuh,
Shah-bo-min,
Sah-wa,
Sha-da,
Shaw-ga-she,
Shaw-shaw-wa-ne-bais-sa,
Shuh-shuh-gah,
Sub-be-ka-she,
Sug-ge-ma,
Ug-gud-dwash,
Waw-be-no-wusk,

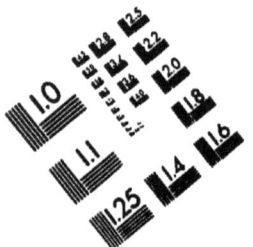 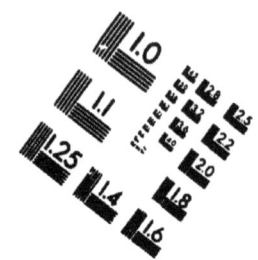

**IMAGE EVALUATION
TEST TARGET (MT-3)**

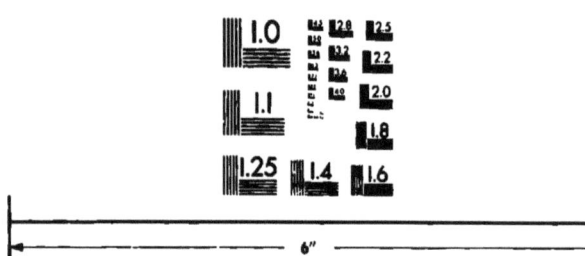

Photographic
Sciences
Corporation

23 WEST MAIN STREET
WEBSTER, N.Y. 14580
(716) 872-4503

82

Longfellow: Tanner:
Wawa — wild-goose, *Wa-wa*,
Waw-be-wawa — white-goose, *Waw-be-wa-wa*,
Way-muk-kwana — caterpillar. *Way-muk-kwah-na*.

Die meisten der oben verzeichneten Wörter finden sich auch in den verschiedenen Schriften Schoolcrafts. Ihre Schreibweise weicht jedoch so stark von der in unserem Gedichte ab, dass wir trotz mancher Freiheit, die sich Longfellow bei ihrer Wiedergabe gestattet, dennoch schliessen müssen, dass Tanners Catalogue ihm vorgelegen habe.

Quellen der anderen indianischen Wörter, die in den bezüglichen Mythen und Berichten nicht enthalten sind.	Longfellow:	Quelle:
	Ahkosewin — sickness,	*Ah-koo-se-win*,[1])
	Annemeekee — thunder,	*An-ne-me-kee*,[2])
	Baim-wawa — the passing sound f. i. of thunder,	*Baimwāwā*,[3])
	Bukadawin — hunger,	*Buk-kud-dawin*,[4])
	Cheemaun — canoe,	*Chimaun*,[5])
		Tshemaun,[6])
	Kaw — no,	*Kau*,[7])
	Kaween — no indeed,	*Kaween*,[8])
		Kahween,[9])
	Mahn-go-tayser — loonheart,	*Mahn-go-ta-sie*,[10])
	Minne-wawa — a pleasant sound f. i. of trees,	*Minnāwā*,[11])
	Mudway-aushka — the sound of wawes dashing on the shore,	*Mudwayaushkan*,[11])
	Mushkoday — plain, prairie,	*Mush-ko-dai*,[12])
	Nenemoosha — my sweetheart,	*Ne-ne-moo-sha*,[13])
	Nepahwin — sleep,	*Ne-pah-win*,[14])
	Ponemah — hereafter,	*Pah-ne-mah* — by and by.[15])
	Sah-sah-je-wun — rapids,	*Sah-sah-je-wun*,[16])

[1]) Tanner, *Narrative*, p. 400.
[2]) *History of the Indian Tribes* II., p. 462.
[3]) Ibidem, p. 398 und *Oneóta*, p. 98
[4]) Tanner, *Narrative*, p. 400.
[5]) *History of the Indian Tribes* II., p. 379.
[6]) *Oneóta*, p. 103.
[7]) *History of the Indian Tribes* II., p. 468.
[8]) *Algic Researches* II., p. 170.
[9]) *History of the Indian Tribes* II., p. 401.
[10]) Tanner, *Narrative*, p. 402.
[11]) *History of the Indian Tribes* II., p. 398 und *Oneóta*, p. 98.
[12]) Ibidem, p. 462.
[13]) *Algic Researches* II., p. 34.
[14]) Tanner, *Narrative*, p. 401.
[15]) *History of the Indian Tribes* II., p. 468.
[16]) Tanner, *Narrative*, p. 399.

83

Longfellow:	Quelle:
Shasha — long ago,	*Sha-shia,*[1]
Shaugodaya — weakheart,	*Shaugodaia,*[2]
Sebowisha — rivulet,	*Se-bo-wis-sha,*[3]
Soan-ge-taha — strong-hearted,	*Soan-ge-ta-ha,*[4]
Waywassimo — lightning,	*Wa-wa-samo,*[5]

Wir wiederholen nochmals, dass die nicht zitierten Namen und Wörter sich sämtlich in den bezüglichen Mythen beziehungsweise Berichten vorfinden mit Ausnahme jedoch von folgenden Wörtern, deren Quellen uns entgangen sind:

Gushkewau — darkness,
Kagh — hedge-hog,
Mahnomonee — wild rice,
Nushka — look! look!
Owaissa — blue-bird,
Tamarak — lark-tree,
Ugh — yes,
Wahonomin — a cry of lamentation,
Waubewyon — white skin wrapper,
Wawonaissa — whippoorwill.

---

[1] Tanner, *Narrative*, p. 404.
[2] *Algic Researches* II., p. 165.
[3] Tanner, *Narrative*, p. 399.
[4] *Algic Researches* II., p. 34.
[5] *History of the Indian Tribes* II., p. 462.